C.H.BECK **WISSEN**

in der Beck'schen Reihe

Michael Maaß bietet eine informative, anregende und gut lesbare Einführung in Geschichte, Kult und Archäologie eines der berühmtesten Orte des Altertums – Delphi. Er beschreibt die religions- und geistesgeschichtlichen Hintergründe des delphischen Orakels, erläutert die Anlage des Heiligtums, erklärt die Wandlungen, die es im Laufe der Jahrtausende erfahren hat, und erhellt die archäologischen Besonderheiten der zahlreichen erhaltenen Bauwerke und staunenswerten Funde, die noch heute Jahr für Jahr zahllose Besucher beeindrucken.

Michael Maaß war Leiter der Antikensammlung des Badischen Landesmuseums in Karlsruhe und lehrt als Klassischer Archäologe an der Ruprecht-Karls-Universität Heidelberg. Er hat zahlreiche einschlägige Veröffentlichungen zur Geschichte des antiken Delphi vorgelegt.

Michael Maaß

DAS ANTIKE DELPHI

Verlag C. H. Beck

Mit 25 Abbildungen, Zeichnungen und Kartenskizzen auf dem vorderen und hinteren Vorsatz sowie im Text

Originalausgabe

Satz: Kösel, Krugzell
Druck und Bindung: Druckerei C. H. Beck, Nördlingen
Umschlagmotiv: Die Sphinx von der Votivsäule der Naxier, um 560 v. Chr.; Archäologisches Museum Delphi

Umschlagentwurf: Uwe Göbel, München
Printed in Germany
ISBN 978 3 406 53631 1

www.beck.de

Inhalt

Vorbemerkung

Über das antike Delphi schreiben – damit verbindet sich immer der Wunsch, den Zauber, den *genius loci* der Stätte mit ihrem faszinierenden Verhältnis von Spiritualität und Werken von Menschenhand darzustellen.

«Saxa loquuntur»: Die Steine reden. Meist geht es in antiken Orten um Steine, oft genug um nur trümmerhafte Reste von Bauten, Skulpturen und Inschriften. Werke aus Gold, Bronze und anderen Metallen, aus Elfenbein, nicht zu reden von Holz oder Textilien, blieben in Delphi nur ausnahmsweise und durch seltene glückliche Zufälle vor dem Untergang bewahrt.

Es ist nicht leicht, alles zu verstehen, was die Steine überliefern. Dem Kundigen bieten aber die Monumente, ihr Material und ihre Inschriften Hinweise auf Herkunft, Transport und Verarbeitung. Wir können auch aus bescheidenen Fragmenten mit Hilfe von besser erhaltenen Vergleichsstücken künstlerische Konzeptionen und Techniken erschließen. Mit solchen Analysen und Vergleichen erschließen sich zugleich Eigenarten, Leistungen und Identität von Kulturen und Epochen.

Das Verhältnis von Materie und Spiritualität hat Vergil im Sinn der stoischen Philosophie beschrieben: *«mens agitat molem»* (der Geist bewegt die Materie). Für Delphi gilt, daß die monumentalen Bauten, die gepriesenen Kunstwerke und die sagenhaften Schätze sich letztlich einer Spiritualität verdanken, deren Ideen auch heute noch lebendig sind.

Die Kultur des Ortes und seines Heiligtums muß vor allem als Ausdruck von Religion verstanden werden. Diese umfaßte die Frage nach dem Sein des Menschen («erkenne dich selbst»), nach dem Guten und dem Bösen, nach Glück und Verderben, nach der Schicksalsgerechtigkeit – wie etwa am Beispiel der Kroisos-Geschichte deutlich wird –, nach dem Vergänglichen und dem Transzendenten. Menschliche Geschichte, Glaube,

Mythos, Ethik und Philosophie sind in Delphi in einzigartiger Weise verbunden. Dazu kam der Kult, in dem die Realität der menschlichen Verhältnisse ihren Ausdruck fand: in vielem aufwendig, festlich, diesseitig, auch handfest und für uns nicht selten befremdlich.

1 Delphi, Blick von der Kirphis auf das Parnaßmassiv

I. Die Ursprünge

Die umgebende Natur Delphi – die erhebende Szenerie seiner Landschaft (Abb. 1) hat der Dichter des homerischen Hymnos an Apollon gepriesen (V. 281 ff.):

Dann aber eiltest du fort und stürmtest empor ins Gebirge,
Kamst nach Krisa zum Fuß des schneebedeckten Parnassos,
Wo er den Berghang dem Westwind zukehrt, aber darüber
Hängt der Felsen, und abwärts senkt sich des steinigen Waldtals
Höhlung.

Der Geograph Strabon (9, 3, 3 [418]) beschrieb in der Zeit des Kaisers Augustus (27 v. Chr.–14. n. Chr.) Delphi als *«felsigen Ort, theaterartig gelegen»*, und den göttlichen Charakter der Landschaft hoben Reisende und Dichter alter und neuer Zeit gern hervor.

«The very locality breathed the presence of Apollo» (Der Ort selbst atmete die Gegenwart Apollons), schrieb 1819 der englische Reisende Edward Dodwell. 1851 hat sich Gustave Flaubert über das Schauspiel der Landschaft begeistert: *«C'est un paysage inspiré! Il est enthousiaste et lyrique! Rien n'y manque: la neige, les montagnes, la mer, le ravin, les arbres, la verdure. Et quel fond!»* (Die Landschaft ist von Geist erfüllt! Sie ist enthusiastisch und lyrisch! Nichts fehlt: der Schnee, die Berge, das Meer, die Schlucht, die Bäume, das Grün. Und welch eine Szenerie!). Aus den Versen in Angelos Sikelianos' delphischem Drama *Sibylla*, in denen der Dichter 1940 Spiritualität und Humanität gegen den drohenden Faschismus beschwor, spricht das Erlebnis einer von neuplatonischer und christlicher Mystik durchdrungenen kosmischen Welte: *«Süden, Norden, Osten und Westen, ein großes Kreuz; und auf ihm sehe ich die Menschenseele angenagelt. Aber sie wird frei, und der Wind, den ich jetzt mit meiner Seele atme, wird für alle Seelen wehen.»*

Das Parnaßmassiv dominiert die Szenerie. In der Antike kam einmal im Jahr in Delphi alles zur Ruhe: Jung und alt zogen über den steilen Felspfad und durch die Hochwälder hinauf zur Korykischen Grotte, dem altehrwürdigen Heiligtum des Hirtengottes Pan und seiner Begleiterinnen, der Nymphen. Fern der Geschäftigkeit des Pilgerortes, in luftiger Höhe, mit erhebender Aussicht bis zu den Bergen Achaias jenseits des Golfes von Korinth lag dieser Kult- und Festplatz, dessen Beliebtheit vom 3. Jahrtausend v. Chr. bis in die römische Zeit zahllose, oft nur bescheidene, aber doch reizvolle Votivgaben ahnen lassen, darunter die Terrakottagruppe des Pan im Nymphenreigen. Zum *genius loci* gehören die Tannenwälder und die reiche Flora des Parnaßmassives. Theophrast hebt den Parnaß wegen seiner Vegetation als *pharmakodéstaton* (sehr reich an Heilpflanzen) hervor. Die Botaniker haben ihm seit dem 18. Jh. wieder große Aufmerksamkeit gewidmet, wie Johannes Sibthorp im ersten der zehn Bände seines Prachtwerkes über die *Flora Graeca* (London 1806–1840).

Gewaltige Bewegungen der Plattentektonik haben die Kalkfelsenberge und Schluchten geformt. Der Blick auf Delphi von der gegenüberliegenden Kirphis (Abb. 1) bietet ein einzigartiges Schauspiel. Die Parnaßgipfel mit Höhen von rund 2400 m stehen hier frei im Blick über der ca. 1200 m hohen, markanten, geologisch älteren Schichtstufe der Phädriaden. Am Bruch zu deren Füßen liegt in etwa 500 m Höhe Delphi über denselben Gesteinsschichten, die im Hintergrund auch das Gipfelmassiv bilden. In der Tiefe sind sie jedoch mit Schichten von Flysch (verfestigten Schlammablagerungen) und zusammengesintertem Gesteinsschutt bedeckt, der aus den Felswänden niedergegangen ist. Solche Bergstürze trafen im 12. Jh. v. Chr., um 730 und um 373 v. Chr. das Heiligtumsareal. Traurige Berühmtheit haben in neuerer Zeit die phokischen Erdbeben von 1870 erlangt, die erst nach drei Jahren wieder abklangen, und die der Erdbebenforscher Julius Schmidt (1825–1884, ab 1858 Direktor der Sternwarte in Athen) so eindringlich beschrieben hat: «*Aus Osten der Schall von dem Sturze gewaltiger Felsmassen, die allseitig von den Höhen der Kirphis sich loslösten, in Strömen und Schutthalden sich donnernd durch die Thalschluchten oder auf schroffen Wänden fortwälzten, und mit ungleichem Tone auf die Ebene des Pleistos oder auf die Fläche der See herabfuhren. Als nach Maßgabe der Entfernung das sehr mannigfache Getöse langsam zu Ende ging, hörte ich die fernen, schwächeren und tiefen Donner jener Felsmassen, die am Parnassos herabkamen, und zuletzt vernahm ich von West und Nordwest aus dem Korax und von den Höhen um Amphissa das Getöse der Felsblöcke, sehr verschieden von dem inzwischen erneuten Donner der nachfolgenden Erdbeben. ... Seltsam gefleckt und wie geschunden zeigten sich hier die kahlen Wände der Kirphis, die ich 1862 noch dunkelgrau gesehen, die nun durch das Erdbeben so zerfetzt und zerrüttet war, daß überall Theile der dunkeln Oberfläche weggebrochen wurden, weshalb dann das weiße oder auch rothbraune Kolorit des Kerngesteins zu Tage kam.»*

1905 zerstörte ein Felssturz weitgehend den gerade ausgegrabenen Tempel der Athena in der Marmaria. Zugunsten des archäologischen Denkmals hat man vor einiger Zeit das Naturdenkmal der gewaltigen Felsbrocken beseitigt. Ein anderer markanter, in das Gebiet des Apollonheiligtums gestürzter Felsbrokken, nach Plutarch (*Pyth. or.* 9) bei dem Buleuterion (Rathaus) gelegen, war als Felsen der Sibylle ein antikes Kultmal.

Trotz solcher Bedrohungen haben es die Menschen über die Jahrtausende an diesem Ort ausgehalten. Die Schäden durch den letzten großen Bergsturz von 1935 konnten restauriert werden. Seither sind große Arbeiten zur Sicherung der Berghänge durchgeführt worden. Der heutige Ort liegt an einem weniger gefährdeten Hang als das alte, für die Ausgrabungen seit 1891 geräumte Dorf.

Das Bild von Delphi von der mykenischen Zeit (1600–1200 v. Chr.) bis zum Einzug des Apollonkultes (9./8. Jh. v. Chr.) hat in den letzten Jahrzehnten Konturen gewonnen. Bedeutender waren die Plätze näher am Golf. Auf halbem Weg aus der Talebene liegt bei Chrysso der Bergsporn, dessen weitläufiges Plateau von einer monumentalen Schutzmauer umzogen ist und der die Küstenebene dominiert. In Delphi gibt es reiche mykenische Funde, die aus Gräbern, Häusern oder Kultplätzen stammen, von denen jedoch viele aus später umgelagertem Schutt stammen. Einen seltenen Befund bieten die Häuser der Übergangszeit von der mykenischen zur geometrischen Epoche (11.–9. Jh. v. Chr.), die zeigen, daß in Delphi das Leben auch während der sogenannten dunklen Jahrhunderte weiterging.

Die Dämpfe aus der Erdspalte Die Verwurzelung in der grandiosen Natur tritt bereits in den Traditionen von den Ursprüngen des Orakelkultes hervor: Hirten hätten auf der Suche nach einer verlaufenen Ziege die Erdspalte, aus der inspirierende Dämpfe aufstiegen, gefunden. Archäologisch ist diese Spalte nicht nachweisbar. Die Frage bleibt, ob mit Hilfe der historischen Nachrichten die Geologie des Ortes oder umgekehrt die Geschichte des Orakels mit geologischen Befunden geklärt werden kann. Gleich von welcher Seite man sich der Sache nähert – die Argumentation ist durch unsichere Befunde kompliziert. Die noch in der Antike versiegte Quelle unter dem Tempel weist auf die unbeständigen Verhältnisse des Untergrundes hin. So erscheint es plausibel, daß Gase durch den Untergrund dringen konnten, wenn auch Wasser seinen Weg hindurch findet.

Neuerdings werden um und unter dem Tempel nachgewiesene Spuren von Äthylen, Äthan und Methan diskutiert. Wir wissen aber leider nichts Konkretes über die aufgetretenen Konzentrationen, ihre Wirkungen und die Zeiten, in denen diese Faktoren vielleicht eine Rolle spielten. Es bleibt daher zu fragen, ob in der antiken Überlieferung überhaupt narkotisierende Gase mit prophetischer Wirkung gemeint sind oder ob es sich hier nach unserem – nicht dem antiken – Verständnis um rein spirituelle, nicht physikalische Phänomene handelt. Darüber hinaus wäre zu fragen, was eine benebelte Pythia mit der hohen Kunst der überlieferten Orakelsprüche zu tun gehabt haben kann. In den Gasen liegt kein Schlüssel zu deren Verständnis, sondern in den komplexen kulturellen und historischen Verhältnissen der an dem Orakel Beteiligten.

Vielleicht hilft ein Vergleich mit dem Pfingstwunder: Hier ist die Situation des göttlichen Ergriffenseins mit der Wahrnehmung von züngelnden Flammen über den Häuptern der Apostel verbunden. Für die antiken Menschen gab es sehr konkrete Zusammenhänge des Gegenwärtig-Realen, des Kosmischen, des Dämonischen, des Mythischen und des göttlich Transzendenten.

Für Delphi ist zunächst hervorzuheben, daß Erdspalte und inspirierender, von der Pythia aufgenommener Hauch (*pneûma*) in der Überlieferung nicht miteinander verknüpft sind. Emanation und Eingebung wurden in der Antike mit naturphysikalischen Anschauungen verbunden, die von unseren Vorstellungen abweichen. Ideen der frühen Naturphilosophie helfen, dies zu verstehen. Empedokles von Agrigent (um 483/2 bis um 423 v. Chr.) stellte sich sinnliche Wahrnehmung als Ausflüsse vor, die von den Gegenständen in das Sinnesorgan durch passende Rezeptoren eindringen (überliefert bei Theophrast, *de sensu* 76D). Der Ausdruck für die fragliche Emanation in Delphi lautet *anathymíasis*. Er hat aber in anderen Zusammenhängen sehr verschiedene Bedeutungen, er kann Opferfleischdämpfe, die belebende Wirkung von Nahrung im körperlichen Kreislauf, die Anziehung der Feuchtigkeit durch die Sonne und rein seelische Aufwallungen wie etwa Haß bezeichnen.

Weitere Naturdenkmäler religiöser Weihe in Delphi waren der Felsen der Sibylle (S. 20 f.), die Quelle Kastalia und die Platane des Königs Agamemnon bei dem Heiligtum der Gâ (Theophrast, *hist. plant.* 4, 13 und Plinius, *n. h.* 17, 88).

Die alte Herrin des Heiligtums Der Gründungsmythos des Orakelkultes deutet einen religionsgeschichtlichen Generationswechsel an. Die in der mykenischen Zeit verehrte Muttergöttin wird sozusagen entthront und auf ihr religionsgeschichtliches Altenteil gesetzt. Zu den Reminiszenzen an sie gehören der alte Ortsname von Delphi, Pytho, und ein in der Literatur erwähnter Kultplatz der Erdmutter Gâ. Ihre bescheidenen Idole wurden in den Anschüttungen des 7. Jh.s v. Chr. zur Anlage des Athena-Pronaiaheiligtums gefunden. Ihr Attribut, die Schlange Python als Verkörperung der Mächte der Erde, wird als abscheulicher, todbringender Drache abgetan, den Apollon erlegt und damit zum Herrn des Orakels wird. Ob dieses freilich schon in mykenischer Zeit so bedeutend war, daß es ein Motiv für einen solchen Streit geben konnte, muß wohl offen bleiben. Mög-

2 Die Pythia gibt König Aigeus von Athen ein Orakel. Trinkschale aus Vulci, Athen, um 440 v. Chr.

licherweise handelt es sich um die Rückspiegelung der späteren historischen Bedeutung des Orakels in eine nur noch undeutlich erinnerte Vorzeit.

Auch daß Apollon seine Weissagungen nicht einem Priester, sondern einer Frau, der Pythia, eingab, dürfte auf diese alten Traditionen zurückgehen. Der Dreifuß als ungewöhnlicher Sitz der orakelverkündenden Pythia erinnert an dreibeinige Sessel, auf denen manche Idole der mykenischen Zeit aus Terrakotta sitzen. Warum aus dem komfortablen dreibeinigen Sessel dieser Figurinen ein hochbeiniger Kessel wurde, auf dessen Beckenrand oder -abdeckung die Priesterin mit herabbaumelnden Beinen sitzt (Abb. 2), bleibt bei dieser Verbindung aber fraglich. In der Gestaltung des Orakeldreifußes treten jene Formen von Dreifüßen hervor, die seit dem 9. und 8. Jh. v. Chr. zu den repräsentativsten Weihgeschenken gehörten, wie der antike Historiker Theopomp von Chios, ein Zeitgenosse des Aristoteles, hervorhebt: «*Es war in alter Zeit das Heiligtum mit Weihgeschenken aus Bronze, aber nicht mit Statuen, sondern mit Kesseln und Dreifüßen geschmückt*» (*Fragmente der griechischen Historiker*, Hrsg. F. Jacoby, II B 115 F 193).

Der Dreifuß Die Dreifüße spielten im Kult eine besondere Rolle. Ursprünglich handelte es sich, wie vor allem Homer bezeugt, um Gebrauchsgerät, je nach Größe zum Kochen oder Anrichten eines warmen Bades geeignet. Kunstvoll verziert in der Ausführung aus Bronze statt Ton, galten die Dreifüße als Wahrzeichen vornehmer Haushalte und dienten als Prestigegeschenke in fürstlichen Kreisen oder als Siegespreise bei Wettspielen. Wegen dieser Wertschätzung fanden sie als Votivgaben an die Götter den Weg in die Heiligtümer. Reste von Hunderten stattlicher Dreifüße kamen in den Ausgrabungen von Olympia zutage. Mit ihren extremen Formaten weisen sie auf eine symbolische, nicht mehr praktische Bedeutung: Die größten erreichten als reine Monumente Höhen von etwa 3½ m, die kleinsten, massenhaft gefundenen, waren als Armeleutegeschenke münzgroße Blechscheiben mit drei kurzen, als Beine umgebogenen Laschen. Die Fundbedingungen für die Metallteile der Dreifüße sind in Delphi ungünstiger als in Olympia, dafür haben wir in Delphi durch Basisblöcke mit Inschriften und die Überlieferungen von Historikern und Dichtern reichere Nachrichten. Nur einige der berühmtesten seien hier erwähnt: der goldene Dreifuß auf der Schlangensäule (Abb. 18 und vordere Umschlaginnenseite – im folgenden U2 –, Nr. 407) als Dank für den Sieg der verbündeten Griechen über die Perser bei Plataä (479 v. Chr.), die goldenen Dreifüße der sizilischen Tyrannen am Tempelvorplatz, gestiftet aus der Beute der Kriege gegen die Karthager, und die prächtige Tänzerinnensäule, die einen Dreifuß von einer großen Festgesandtschaft aus Athen trug. Seit dem 7. Jh. v. Chr. traten andere Formen von Weihgeschenken in den Vordergrund, doch behielt man zu besonderen, mit Reminiszenzen und Traditionen verbundenen Anlässen Dreifußweihungen wegen ihres altheiligen Charakters bei.

Die Pythia Die Pythia als Wahrsagepriesterin des Apollon in Delphi stellt sich uns in sehr unterschiedlichen, teilweise widersprüchlichen Aspekten dar. Diese spiegeln eine über tausendjährige Geschichte mit den sich ändernden politischen, sozialen und wirtschaftlichen Bedingungen und Wechselfällen wider. Die Attribute der Pythia waren außer dem Dreifuß Wasser und Lorbeer als Requisiten von ritueller Reinigung und Inspiration. Ihr Name ist von dem alten Namen Delphis, Pytho, abgeleitet, sie ist die «pythische» Priesterin des Apollon in Pytho.

Das Amt wurde ihr auf Lebenszeit verliehen. Mit einer strengen Lebensführung im Sinne ritueller Reinheit war eine Wohnung im Heiligtum verbunden. Für die Berufung bedurfte es eines guten Leumunds der Anwärterin und ihrer Familie. Der soziale Stand scheint (zumindest zeitweise) keine Rolle gespielt zu haben; es ist sowohl Herkunft aus einfachen Verhältnissen als auch aus der städtischen Aristokratie bezeugt. Die Weihung zur Priesterin erfolgte ursprünglich und normalerweise in jungen Jahren. Nach einem Übergriff eines thessalischen Feldherrn sollen die Delpher beschlossen haben, zur Sicherheit ihrer Priesterin nur noch betagten Frauen das Amt zu übertragen.

Von dem Wesen der Pythia und ihrer prophetischen Ekstase hat man sich zu verschiedenen Zeiten unterschiedliche Vorstellungen gemacht. Ihr Priesteramt hatte eine Geschichte wohl von einem Jahrtausend – eine Zeit, in der sich der Charakter des Kultes in mancher Hinsicht stark verändert hat.

Der körperliche Ausdruck religiöser Verzückung als künstlerisches Motiv wurde in der neueren Kunst zu großer Wirkung entwickelt. Die neobarocke Pythia-Darstellung in der Pariser Oper mit ihren divergierenden Bewegungen verknüpft solche Ausdrucksformen mit antiken Nachrichten über ein wildes Außer-sich-Sein der weissagenden Pythia. In dieser Konzeption spielen sehr persönliche Motive, die Selbstdarstellung einer adeligen Künstlerin (mit Abformungen eigener Körperteile und Incognito unter dem Namen Marcello) eine besondere Rolle. Wilde und göttliche Hingerissenheit kennen wir aber in der antiken Kunst nur zur Charakterisierung des Thiasos, des schwärmenden Dionysosgefolges. Dessen Ekstase steht jedoch in einem ganz anderen Zusammenhang. Gezeigt wird eine Entfesselung von Naturgewalten in der Wildnis. Tiere werden zerrissen, die lüsterne Zudringlichkeit von Naturdämonen in Schranken gehalten.

In den Überlieferungen zur Pythia finden sich Züge einer körperlich bewegten Ekstase, doch gehören sie in den Kontext von irregulären, erzwungenen Orakelbefragungen und schildern eine psychosomatische, tödliche Krise. Die einzige antike Darstellung einer Pythia, im Innenbild der berühmten in Vulci gefundenen Schale (Abb. 2), charakterisiert die Priesterin in ganz anderer Weise. Es handelt sich um die mythische Szene mit Aigeus, der wegen seines Wunsches nach einem Sohn das Orakel befragt. Die Pythia wird mit einer Beischrift als Themis bezeichnet und mit ihr als der Beschützerin des göttlichen Rechts gleichgesetzt. Der Tempel als Ort des Geschehens ist durch eine Säule angedeutet. Die Priesterin sitzt hoch auf dem Dreifuß, offensichtlich nachdenklich in sich versunken, den Frager auf ihre Eingebung warten lassend. Auf diese ruhige, würdevolle Weise ist das Außer-sich-Sein der Priesterin, die Sphäre göttlicher Prophetie, angedeutet. Für seine Zeit hat der Dichter Pindar von Theben (522 oder 518 bis nach 446 v. Chr.) die Pythia mit poetischen Bildern charakterisiert, in denen sich Natürlichkeit und religiöses Geheimnis verbinden (*Pyth.* 4, 4 f. und 4, 60). Er nennt sie *«die bei den goldenen Adlern des Zeus sitzende Priesterin»* und *«die delphische Biene»*. Die antiken Kommentatoren erklärten diesen Namen im rituellen Sinn mit der bienengleichen Reinheit der Pythia, dagegen zielt der homerische Hermeshymnos (V. 552–568) auf eine religiös schwärmerische Deutung, die auch die prophetische Ekstase umfaßt: Die Bienennymphen am Parnaß prophezeien trunken vom süßen Honig.

Mit der seelischen Verfassung der weissagenden Pythia hat sich der Philosoph Platon (428–348 v. Chr.) auseinandergesetzt. Er hebt den Zustand einer *mania* hervor, die er als Empfänglichkeit für göttliche Eingebung charakterisiert. Die geläufige Grundbedeutung von *manía* als Wahnsinn führt das Verständnis nicht in die richtige Richtung, denn es geht hier nicht um Wahn, sondern *enthusiasmós* (göttliche Inspiration) durch ein mystisches Erlebnis, in dem der Mensch dem Göttlichen in seiner Seele Raum gibt. Die Idee einer Raserei liegt dem ganz fern, es geht vielmehr um eine Begeisterung durch das Göttliche, wie sie die Teilnehmer des platonischen Symposions erleben.

Wie weit die historischen Pythien diesem platonischen Ideal entsprochen haben, ist eine andere Frage. Die Lebensklugheit einer Frau, ein poetisch-religiös geprägtes Sprachvermögen, persönliche Frömmigkeit und die Kenntnisse über Anliegen und Frager konnten eine Pythia diesem Ideal sicher nahekommen lassen. Nicht zuletzt ist daran zu denken, daß die Pythia nicht allein stand, sondern die Unterstützung von erfahrenen Priestern und Heiligtumsbeamten hatte.

Die Orakelsprüche Die antiken und modernen Sammlungen von Orakelsprüchen ergeben ein sehr komplexes Bild. Die Geschichte im strengen Sinne ist meist nur ein Hintergrund für Legenden von literarischem Reiz und zugleich volkstümlichem Charakter. Sie sind keine Fälschungen, sondern enthalten Geschichtskunde ähnlich wie die biblischen Bücher.

Die kritische Betrachtung der überlieferten Orakelsprüche erschließt nicht wenige *vaticinia ex eventu* (im Nachhinein erdichtete Vorhersagen). Typische Verrätselungen und das Spiel mit offenen Hinweisen werden vom Frager nicht verstanden, weil es an Selbsterkenntnis fehlt. «*Erkenne Dich selbst*» (gnóthi seautón) ist die höchste, den Menschen gestellte Maxime, als Haltung der Bescheidenheit gegenüber dem Göttlichen und dem jeweils Unabwendbaren des Schicksals. Verlangt ist mit der Befragung des Gottes die gewissenhafte Selbstbefragung. Hier kommen sich die Volksfrömmigkeit und das sokratische «*ich weiß, daß ich nicht weiß*» bei Platon ganz nahe.

Die Formen der Orakel muß man sich sehr verschieden vorstellen. Es gab in Delphi auch nonverbale Orakelentscheidungen, etwa mit Hilfe von Losen, auch solche, die nicht von der Pythia erteilt, aber doch als Teil einer umfassenden, von Apollon ausgehenden Mantik verstanden wurden. Das hohe Ansehen der Pythia-Orakel fand seinen Ausdruck in Versen, meist im epischen Hexameter, aber auch in iambischen Trimetern, in denen viele berühmte Prophezeiungen im Heiligtum herausgegeben oder von der Nachwelt erfunden und tradiert wurden. Die Orakelverse konnten auf verschiedene Weise vermittelt werden. Manche wurden von der Pythia selbst gesprochen, andere erst von Priestern redigiert. Aus literarischem und historischem Interesse entstanden im 3. und 1. Jh. v. Chr. Orakelsammlungen, von denen wir freilich nur noch zitathafte Ausschnitte und die Namen ihrer Verfasser kennen (Mnaseas von Patara und Alexandros Polyhistor).

Die poetische Überhöhung und die dunkle Rätselhaftigkeit vieler Orakelverse wurden aber auch als Schwulst empfunden und reizten die Spottlust, zumal manche Orakelaktivitäten nur ein geringes Ansehen hatten. In Aristophanes' *Rittern* (V. 1037–8) finden wir eine Parodie mit komischer Übertreibung typischer Züge: «*Eine Frau wird im heiligen Athen einen Löwen gebären, / der für das Volk mit vielen Mücken kämpfen wird.*»

In dieser Tradition hält auch Cicero (*de divin.* II 41. 57) wenig vom Losorakel in Praeneste und vom pythischen Orakel.

Im Gegensatz hierzu begründete Philostrat die Glaubwürdigkeit von Orakeln durch Schlichtheit und Klarheit (*Apoll. Tyan.* 6, 10, 4, nach 217 auf Wunsch der Kaiserin Iulia Domna veröffentlicht). Er hebt das einfache und nüchterne Ethos der Orakelsprüche zu seiner Zeit hervor: «*Wer nun eine Weissagung braucht, stellt eine kurze Frage und Apollon antwortet, was er weiß, ohne irgendwelche wunderbaren Umstände. Und doch könnte er leicht den ganzen Parnaß erbeben und die Kastalia mit Wein statt mit Wasser fließen lassen; er könnte auch den Kephissos aufhören lassen zu strömen; doch er zeigt einfach die Wahrheit, ohne sich eines solchen bombastischen Beiwerks zu bedienen ... Das ‹tue dies› oder ‹tue dies nicht›, das ‹ich weiß› oder ‹ich weiß nicht›, das ‹dieses› oder ‹dieses nicht›, welchen Lärm braucht es denn? Wozu denn donnern, vielmehr angedonnert werden?*» In diesem Sinn hat auch Plutarch (ca. 45–120 n. Chr.) der Frage, warum zu seiner Zeit die Orakel nicht mehr in Versform gegeben wurden, eine eigene Schrift gewidmet.

In der Geschichte des Heiligtums und der Überlieferung der Orakel tritt als überragende Gestalt der lydische König Kroisos hervor. Herodot hat ihm einen besonders ausführlichen Bericht gewidmet, in dem die Situation des Kroisos zwischen dem expandierenden Perserreich und den griechischen Stadtstaaten sowie das Selbstverständnis des delphischen Orakels Ausdruck gefunden haben.

Die Orakellegenden verfolgen moralisierende erzieherische oder rechtfertigende Ziele. Eine andere Sicht geben Berichte von Verfälschungen durch Bestechungen oder andere Einflußnahmen. Parteinahmen Delphis vermittels Orakelsprüchen sind in der historischen Überlieferung deutlich für das athenische Adelsgeschlecht der Alkmeoniden und gegen die Herrschaft des Tyrannengeschlechts der Peisistratiden in Athen vor 510 v. Chr., für den persischen Einfluß in Griechenland vor der Entscheidung durch die Seeschlacht von Salamis 480 v. Chr. und für den Aufstieg der makedonischen Herrschaft seit dem vierten Heiligen Krieg (339–338 v. Chr.).

Die Sibyllen Mit Delphi sind Traditionen über die wahrsagenden Sibyllen eng verbunden. Die Bezeichnung Sibylle – ein Wort unbekannter Herkunft – kann man etwa mit unserem Begriff «Prophetin» gleichsetzen. In ihrer Gesamtheit enthalten diese Überlieferungen vielfältige lokale und genealogische Motive und fromme, gelehrte Spekulationen. Plutarch (*Pyth. or.* 9) und Pausanias (10,12,3) erwähnen in Delphi den Felsen der Sibylle Herophile nahe dem Buleuterion (Ratsgebäude) im Heiligtum; überliefert sind auch eine «Sibylla Delphica», eine Tochter Apollons und eine Pytho Graia («Die Alte von Pytho»). Delphi besucht haben sollen die aus Phrygien (Zentralanatolien) stammende Herophile und eine andere Herophile aus Marpessos in der Troas (Nordwestanatolien).

Kleinasien galt als das Ursprungsland des Sibyllentums. Zum ursprünglichen Charakter der Sibyllen als Wahrsagerinnen gehört ihre Verwandtschaft mit Apollon. Ihre Zahl und Verbreitung wuchs von zwei oder drei mit einem Ursprung in Kleinasien zu einer Zahl von neun oder sogar zehn und mit einer Verbreitung, die Italien, Nordafrika und den Orient mit dem Judentum einbezog: Sambethe als chaldäisch-hebräisch-persischer Sibylle wurde eine Abstammung von Noah zugeschrieben. Vorzeitliches Wirken, wie man sagte, «vor dem trojanischen Krieg», langes Leben und Wanderschaften sind typische Motive, die mit der Ausbreitung dieser Traditionen einhergehen.

Warnungen, geistige Erweckung vor drohender Gefahr und Besinnung auf Rettung und Heil waren die Anliegen sibyllinischer Verkündigungen. Historischer Ausgangspunkt dürfte die den Griechen drohende Unterwerfung durch die Perser zu Beginn des 5. Jh.s v. Chr. gewesen sein. Den Sibyllen verwandt erscheint als Unheilsverkünderin die mythische Königstocher und Weissagerin Kassandra von Troja. Die Anweisungen der Sibyllen zielten freilich nicht direkt auf politisch-pragmatische Entscheidungen und Unternehmungen, sondern bewirkten diese nur mittelbar über Anweisungen zu kultisch korrektem Handeln. Wahrsagung im Sinne von Zukunftsvisionen ist kein zentraler Aspekt der Überlieferungen, diente aber mit Hilfe von *vaticinia ex eventu* dazu, das Ansehen der Sibyllen zu heben.

Historische Fixpunkte enthalten die Traditionen zum Sibyllenwesen erst spät und in Rom: der Verlust der Sibyllinischen Bücher beim Brand des Kapitols 83 v. Chr., ihre Wiedergewinnung 76 v. Chr. aus Erythrai (Kleinasien), Bedingungen für ihre Konsultation und schließlich ihre Verbrennung 408 n. Chr. als Unterdrückung paganer (heidnischer) Traditionen durch den Reichsfeldherrn Stilicho (ca. 365–408 n. Chr.).

Die christliche Scholastik hat sich im Mittelalter diese Traditionen angeeignet und die Sibyllen als Heilsverkünderinnen neben die Propheten des Alten Testamentes gestellt. In den Dekkenfresken der Sixtinischen Kapelle verkörperte Michelangelo diese theologischen Spekulationen in großartigen Urbildern von Frauengestalten. In Angelos Sikelianos' Drama *Sibylla* verschmilzt die Vorstellung des prophetischen Sibyllentums mit der delphischen Pythia. Die antiken Legenden vermitteln kaum konkrete historische Zeitverhältnisse, und die Erzählungen lassen offen, ob die delphische Sibylle eine Vorläuferin der Pythia war oder ob sie mit ihr «konkurrierte».

Der Nabel der Welt Zu den alten Kultsymbolen Delphis gehört der *omphalós*, der «Nabel» der Welt, ein anikonischer (unbildlicher), rundlich hoher Kultstein. Pindar berichtet von dem Mythos, daß der Göttervater Zeus zwei Adler von den Enden der Welt zueinander fliegen ließ, die sich auf halbem Weg in Delphi trafen und die als goldene Figuren am Omphalos dargestellt waren. Omphaloi begegnen nicht selten in griechischen Apollonheiligtümern, ja in Delphi selbst sind zwei Exemplare, nicht aber das Original erhalten. Der eine ist von einem Wollbindennetz in Relief überzogen, wie es Vasenbilder darstellen. Es war nicht der Kultstein selbst mit seinen wollenen Binden, sondern eben eine ganz in Stein umgesetzte Darstellung, wahrscheinlich als Attribut der Apollonfigur im Daochosweihgeschenk (S. 86). Wir wissen leider auch nicht sicher den Standort dieses Kultmales, das vielleicht seinen Platz nicht in der Tempelcella, sondern im Opisthodom, der rückwärtigen Vorhalle im Westen des Apollontempels, hatte.

Die Idee, daß ein spirituelles Zentrum zugleich räumlicher

Mittelpunkt einer bekannten Lebenswelt sei, finden wir an anderen Orten. Der antike Lexikograph Hesych vermerkt kurz: *«Erdnabel: Paphos und Delphi»*. Vom Aphroditeheiligtum in Paphos auf Zypern wissen wir, daß es nicht nur von Griechen, sondern von Phöniziern auch aus dem westlichen Mittelmeer besucht wurde, die dort Astarte, die orientalische Aphrodite, verehrten. Die Vorstellung von einem Kult- und Wallfahrtsort als Mittelpunkt mit einem Nabel der Welt finden wir dann später auf manche andere Orte, wie Rom und Jerusalem, übertragen.

Den ursprünglichen Omphalos und damit das vielleicht wichtigste delphische Kultdenkmal glaubte man in einem konischen Stein mit schwer verständlichen Schriftzeichen gefunden zu haben. Man las «E GAS», d. h. das mystische, von Plutarch kommentierte «E» der Erdgöttin Gâ. Das oben eingelassene eiserne Band wurde als Halterung der Adlerfiguren erklärt. Diese Deutung war zu schön, um wahr zu sein. Jean Bousquet hat den Stein 1949 genauer untersucht, gereinigt und herausgefunden, daß die eingeritzten Buchstaben auf den Namen PAPALOYKAS, eine Familie in Delphi, lauten und daß in der Einlassung eine auf 1860 datierte Messerklinge steckte. Der konische Stein war zwar antik, aber kein Omphalos, sondern ursprünglich ein Quader, wie am typischen Dübelloch an seiner Unterseite zu erkennen ist. Er wurde in der Neuzeit zur kuppelartigen Bekrönung eines der traditionellen, tabernakelartigen Wegekapellchen (*proskinitári* oder *ikonostásion*) umgearbeitet, in denen Heiligenbildchen aufgestellt und Lichter angezündet werden.

Eine andere Überlieferung erweist den alten Kulten einen nachdenklichen, philosophischen Respekt. Gâ habe das Orakel ihrer Tochter Themis, der Göttin des Rechts und der göttlichen Vergeltung, vererbt, die es Apollon übergeben habe.

Delphisches Nachleben Nach über tausend Jahren wurde der historisch-klassische Götterkult von der aufstrebenden Religion der Christen entmachtet, die sein Orakel als dämonischen Trug verfemten. Die Erinnerung an den jugendlich alterslosen, strahlenden Gott der Orakel, der Wahrheit und der Sonne, überlebte als Motiv in der griechischen und lateinischen Literatur, der

Kult wurde freilich vehement geächtet. Ältere Religionen gehen aber nicht immer ganz verloren. Sie behalten unter neuer Herrschaft ein manchmal verstecktes Eigenleben oder werden als Quelle von Erkenntnis neu entdeckt und interpretiert, wie die Sibyllen als Verkünderinnen des Heils in Vergils sechster Ekloge und in Michelangelos Fresken an der Decke der Sixtinischen Kapelle. Außerdem bewahrten Heiligenverehrung, ja sogar christliche Orakel, von der Kirchenlehre teils geduldet, teils unterdrückt, antike Traditionen. Die griechische Volkskunde berichtet vom Orakel des hl. Georgios Balsamitis auf der Kykladeninsel Amorgos, wo sich Züge der antiken Kroisoslegende wiederfinden: Aus dem anatolischen König wurde dabei ein reicher Türke.

2. Der Aufstieg des Orakels im 7. Jh. v. Chr. und die frühesten Tempel

Im Zentrum des Apollonkultes stand der Tempel mit seinem Altar. Hier fanden große Opferfeste statt. Im Haus des Gottes waren erhabene Kultdenkmäler vereinigt (S. 83). Der Tempel erforderte immer wieder große Anstrengungen für Neubauten und Reparaturen. Seine Heiligkeit war mit Legenden und Dichtungen aus mythischer Vorzeit begründet. Die Traditionen über die beiden ersten Tempelbauten tragen weitgehend märchenhafte Züge: Die Lorbeerhütte, die der Gott selbst aus dem Tempetal in Thessalien herbeigetragen haben soll, enthält als historischen Kern den Hinweis auf den ursprünglichen Sitz der Kultgemeinschaft der Nachbarvölker, der sogenannten Amphiktionen, deren zweites Hauptheiligtum Delphi bildete. Andere Überlieferungen von Vögeln und Bienen, die den zweiten Tempelbau errichtet hätten, spielen mit Etymologien und poetischen Metaphern, für die wir nur noch unsichere Deutungen haben.

Nach dem zweiten besingt Pindar den dritten Bau (7. *Paian*, Frgt. 52i):

Jenen Tempel brachte ein mächtiger
Sturm zusammen mit euch, ihr Musen,
Zu den Hyperboreern.
Doch was diesen betrifft,
Den von Hephaistos' und Athenas
Allerkunstvollsten Händen geschaffenen:
In welcher Gestalt erschien er? Ehern
Waren die Wände, und eherne Säulen standen davor,
Über seinem Giebel aber sangen goldene Keledonen.
Doch die Söhne des Kronos
Rissen die Erde auf mit Blitzen
Und versenkten der Bauwerke heiligstes
Unwillig über die süßen Klänge,
Weil Fremde vergingen
Fern von Kindern und Frauen,
Ihr Herz hängend
An die sinnentzückenden Stimmen.

Pausanias kommentiert diesen Bau mit dem Verweis auf bekannte Beispiele von Bronzearchitektur – freilich handelt es sich hierbei um metallene Verkleidungen von Holz. Die von Pindar erwähnten Keledonen sind gleichsam Schwestern der Sirenen aus der Odysseussage. Ihr Wesen ist ambivalent, verführerisch. Mit ihnen ist eine Kritik am Orakel- und Pilgerbetrieb angedeutet, der eine göttliche Strafe nach sich zog.

Der vierte Bau ist sowohl literarisch im Apollonhymnos (V. 294–299) als auch in Funden von Bauteilen faßbar.

So sprach Phoibos Apollon und legte den Grundbau des Tempels
Breit und weithin gestreckt, doch Trophonios und Agamedes,
Söhne des Erginos, geliebt von den ewig lebenden Göttern,
Legten danach darüber die steinerne Schwelle des Eingangs.
Zahllose Menschenscharen ringsum erbauten den Tempel
Aus geglätteten Steinen, daß immer die Lieder ihn rühmen.

Der göttliche Anteil entspricht unserem Bibelwort: «*Wo Gott nicht den Grund legt, bauen die Menschen vergebens*». Zum Brüderpaar der Baumeister gibt es jedoch widersprüchliche Überlieferungen. In Delphi sind sie als die gottgefälligen Baumeister bekannt, auf der Peloponnes sollen sie aber ihre Künste zu Übeltaten mißbraucht haben. Auch die Angaben zu ihrer historischen Einordnung gehen – ähnlich wie bei dem größten mythischen Vorbild eines Künstlers, Daidalos – auseinander. Der Kontext in anderen Sagen deutet auf die mykenische Zeit, wogegen der delphische Tempel historisch verläßlich um 600 v. Chr. anzusetzen ist. Der Hymnos gibt aber noch eine Ahnung davon, daß der Tempelbau gemeinsames Werk der Amphiktionen war, das einen festlichen Abschluß fand. Der alte Tempel dürfte seinen Platz unter dem größeren Nachfolger eingenommen haben. Fundamentreste sind jedoch nicht gefunden, wohl aber schön gearbeitete Teile aus sikyonischem Porosstein, die nach der Zerstörung durch einen Brand 548/47 v. Chr. als Abbruchmaterial in anderen Bauten Verwendung fanden (S. 32). Die dem Tempel zugeschriebenen Säulen sind stattlich und haben ähnliche Maße wie die des Heratempels in Olympia.

3. Die Siedlung: Bergdorf – Wallfahrtsort – kosmopolitische Stadt

Delphi bestand nicht nur aus seinen Heiligtümern, es war auch eine profane Stadt. Der Eindruck wird jetzt von Bauten der römischen Kaiserzeit beherrscht. Die ansehnlichsten sind die luxuriösen Stadthäuser östlich und unterhalb des Apollonheiligtums, die auf älteren Bebauungen ruhen, und die ebenfalls in römischer Zeit angelegte, säulenumstandene Agora (Marktplatz) als Vorplatz an dessen Haupteingang. Wie ein Bollwerk überragt die zur Zisterne umgebaute Halle des Königs Attalos I. von Pergamon (220 bis nach 149 v. Chr.) das Gelände östlich des Heiligtums.

Auch die Gräber und Grabmonumente der römischen Zeit treten an vielen Stellen in der Landschaft noch deutlich in Erscheinung. Vor Beginn der großen französischen Ausgrabung von 1891, als das Dorf noch über dem Heiligtum stand, führte die alte Straße nach dem Anstieg von Chrysso oberhalb des Heiligtums vorbei in den Ort. Hier zeichneten Reisende als ersten Eindruck von Delphi die malerischen Kammer- und Nischengräber im Fels. Südwestlich des Heiligtums liegen die Ruinen von römischen Grabtempeln, einer mit einer Krypta, in der noch Sarkophage stehen.

Östlich von Delphi unter dem Anstieg der Straße nach Arachova schließen sich weitere, fundreiche, archaische bis römische Grabbezirke an. Ein bemerkenswertes Monument steht noch unterhalb der Reste eines antiken Turmes, der die Gegend beherrschte. Es ist eine Grabkapelle, in der mehrere Marmorsarkophage aus römischer Zeit geborgen wurden, darunter jener berühmte Sarkophag, der eine bildliche Darstellung des Meleager-Mythos bietet und in der Apsis des Baus stand.

Einen starken Akzent im Landschaftsbild setzt das Gymnasion (Wettkampf- und Übungsstätte), dessen Ruine die Reisenden bis zum Beginn der französischen Ausgrabungen noch vom Kloster der Panajia (die Allerheiligste, d. h. die Mutter Gottes) überbaut fanden (S. 101).

Die Reste der Grabanlagen und Wohnbauten aus früheren Epochen sind bescheidener, oft wieder zugedeckt und schwer oder gar nicht mehr aufzusuchen. Im Museum geben Funde aus diesem Zusammenhang einen Einblick in die Stadtgeschichte.

Mykenische, archaische und römische Häuser Reste von bescheidenen Hütten aus mykenischer Zeit (13./12. Jh. v. Chr.) kamen bei Ausgrabungen im Nordosten des Apollonheiligtums zutage, außerdem ziehen sich mykenische Scherbenfunde im Gelände nach Osten bis zur Kastaliaquelle hin. Eine große, dammartige Mauer im westlichen Bereich des Apollontempels erscheint als aufwendige Baumaßnahme, doch ist die Funktion dieser Anlage nicht sicher erklärt.

Bedeutender als die eigentlichen Siedlungsfunde sind die Grabanlagen aus jener Zeit, darunter ein reich ausgestattetes Felskuppelgrab mit einem Dromos (Gang). Es enthielt Waffen und eine reiche Ausstattung an dekorierten Tongefäßen, die den von der Peloponnes ausgehenden kulturellen Einfluß erkennen lassen. Sichere Spuren von Kultplätzen haben sich nicht erhalten, wohl aber Statuetten und Kultgefäße, die mit dem Kult jener Zeit zu verbinden sind, die aber durch Umlagerungen von Schuttfüllungen ihren ursprünglichen Kontext verloren haben. Es gibt die typischen weiblichen Idole aus Terrakotta, die eine kronenartige Kopfbedeckung tragen (den sogenannten *Polos*) und die nach der erhobenen oder gesenkten Haltung der Arme den griechischen Buchstaben Psi und Phi ähneln (Ψ und Φ). In ihnen darf man die Göttin der Erde und der Fruchtbarkeit, Gaia (Gâ), erkennen, die insbesondere Frauen und Kinder beschützte. In Delphi erscheint sie nicht nur stehend, sondern auch auf einem dreifüßigen Thron mit Rückenlehne sitzend, worin man einen Hinweis auf den Dreifuß als Sitz der orakelspendenden Pythia vermutet, wenn auch die Dreifußkessel der historischen Zeit eine ganz andere Form und Funktion hatten (S. 14).

Hinzu kommen zwei Fragmente von steinernen Rhyta, kultischen Ringgefäßen für Trankopfer – kretisch das eine, mykenisch-festlandgriechisch das andere. Das kretische zeigt die Schnauze einer Löwin und gleicht einem der berühmten Funde aus dem Palast von Knossos. Leider lassen die Fundnotizen offen, ob es sich um einen Import des 14./13. Jh.s v. Chr. oder um die spätere Weihung eines antiquarischen Gegenstandes etwa im 7. Jh. v. Chr. handelt. Dieselbe Frage kann man zu dem zweiten Rhytonfragment mit einer dünnen, gerieften Gefäßwandung stellen. Für den Fund eines mykenischen Ringgefäßes aus Ton in Stiergestalt ist dagegen die Funktion im Kult der mykenischen Zeit sicher.

Auf die mykenische Epoche folgten die sogenannten «Dunklen Jahrhunderte» (die *dark ages*, 11.–10. Jh. v. Chr.). Die mykenische Kultur mit ihren Palastzentren, ihrem Fernhandel, ihrem Luxus und ihrer Schriftkultur war damals bereits untergegangen. Es dauerte bis in das 9./8. Jh. v. Chr., bis in Griechenland eine den alten Zeiten vergleichbare Offenheit gegenüber den Hochkulturen des Orients, vor allem aber die Kenntnis von Schrift wieder aufkam. Für die Archäologie stellt sich die Frage, ob diese beiden Jahrhunderte den Charakter eines Traditionsbruches und eines kulturellen Vakuums haben. Verwaisten die

Heiligtümer, wurden Siedlungen aufgelassen, oder gab es Kontinuitäten?

Die Funde aus Delphi haben für die Frage des Übergangs von der mykenischen zur anschließenden geometrischen Kulturepoche in Griechenland keine geringe Bedeutung. Ein signifikanter zeitlicher Abstand zwischen den submykenischen (nachmykenischen) Hausresten und den Grabbeigaben von Gefäßen protogeometrischen (frühgeometrischen) Stils – die Unter- bzw. Obergrenze ist um 1050 v. Chr. anzusetzen – scheint nicht zu bestehen, so daß man nicht den Eindruck einer Unterbrechung der Besiedelung und der mit ihr verbundenen Kulte hat.

Eine wichtige Häuserfundgruppe im Osten und Nordosten des Apollonheiligtums stammt aus dem 8. Jh. v. Chr. Sie wurde teils durch einen Bergsturz zerstört, teils bei der Erweiterung des Heiligtums im 7. und 6. Jh. v. Chr. überbaut. Zu ihren Ausstattungen gehörten luxuriöse Gelagegeschirre, Amphoren, Kannen und Trinkgefäße, zumeist aus Korinth, die dem festlichen Leben im und um das Heiligtum gedient haben. Auf Textilindustrie in Heimarbeit lassen die vielen, sorgfältig geformten und einfach dekorierten Webgewichte und Garnspulen aus Ton schließen.

Aus klassischer Zeit kennen wir nur bescheidene Reste von profaner Stadtarchitektur. Stattlich sind dagegen die Ruinen von luxuriösen Häusern mit Mosaiken und Bädern aus römischer Zeit. Der Reichtum ihrer Besitzer ging aber im 5. Jh. n. Chr. verloren, wie die eingebauten kleineren Häuser und Werkstätten erkennen lassen. Zu den Baumaßnahmen der römischen Zeit gehören die Anlage des stimmungsvollen Vorplatzes zum Heiligtum, der von Säulenhallen und Boutiquen umgeben war, und der Umbau der Stoa des Attalos zu einer Zisterne. Die Umwandlung dieses Prestigebaues zu einem reinen Nutzbau demonstriert die Probleme der Bauunterhaltung. Seit langem gab es wohl keinen zahlungsfähigen Nachfolger des Stifters mehr, so daß der Bau zweckentfremdet werden konnte. In der Heiligtumsbeschreibung des Pausanias findet man daher kein Wort über diese Anlage, die zu den ehrgeizigsten Bauleistungen im Heiligtum gehörte.

Diese Veränderungen bedeuten Umschichtungen, nicht jedoch eine allgemeine Verarmung. Die in christlicher Zeit in Delphi errichteten Kirchenbauten mit den anspruchsvollen, reich gestalteten Mosaikfußböden und mit Marmorarbeiten, zu denen das Material – wie überall in dieser Zeit – leicht aus den antiken Bauten beschafft werden konnte, verraten einen bemerkenswerten Aufwand und Wohlstand. Der Stil der Mosaiken weist nach Böotien.

Brunnenanlagen Für die Wahl von Siedlungsplätzen spielte die Wasserversorgung eine wichtige Rolle. Bevorzugt waren Lagen mit Quellen möglichst im Schutz der eigenen Mauern, die Laufbrunnen mit frischem Wasser versorgen konnten. Siedlungen, die wegen einer wichtigen Verkehrslage oder wegen der militärischen Sicherheit ungünstiger lagen, mußten sich mit Wasserleitungen und Zisternen behelfen. Wasser und Brunnen trugen zum Ruhm von Städten bei: So war etwa *eúhydros Kórinthos* (Korinth mit dem guten Wasser) ein poetischer Begriff. Auch an anderen Orten erfahren wir viel über Wasserversorgung, wie beispielsweise in Athen von den großen archaischen Tonröhrenaquädukten, dem Neunröhrenbrunnen *(enneákrunos)* und den anderen Brunnenanlagen, von denen Reste an der dortigen Agora freigelegt worden sind.

Delphis Überfluß an gutem Wasser war geradezu ideal. Hier treten ganzjährig strömende Karstquellen aus dem Parnaßmassiv zu Tage. Zum Ruhm des Ortes trugen insbesondere die wohlschmeckenden Quellwasser der Kastalia und der Kassotis bei, denen man kultische Kräfte, erforderlich zur rituellen Reinigung und zur Weissagung, zuschrieb. Die Brunnenanlagen zählen innerhalb und außerhalb des Apollonheiligtums zu den ältesten und stattlichsten Bauten. Im Vergleich zu Delphi war Olympia weit weniger begünstigt, wo man für die Feste im Talgrund Schöpfbrunnen stets neu grub und wieder verfüllte. Erst in der Kaiserzeit haben Regilla und Herodes Atticus (101–177 n. Chr.) mit Leitungen aus den Bergen und einem Prunkbrunnenhaus in dem berühmten Heiligtum auf der Peloponnes für reichlich frisches Wasser gesorgt.

Der heute berühmteste Brunnen in Delphi ist die jüngere Kastalia, eine Laufbrunnenanlage ohne Schöpfbecken mit sieben Wasserstrahlen. Am Ausgang der tiefen Schlucht entfaltet die Felswandfassade mit den Nischen, die für Statuen bestimmt waren, eine große, stimmungsvolle Wirkung. Das in zwei Felsstollen gefaßte Wasser floß durch einen Kanal mit einer Stauvorrichtung durch Wasserspeier auf den Vorplatz, zu dem man noch heute über Treppenstufen hinabsteigt. An der Stirnwand sind Pilaster und Einlassungen für die bronzenen Wasserspeier, wohl in Löwenkopfform, zu erkennen. Für eine Datierung der Anlage fehlen genauere Anhaltspunkte. Der Typus einer großen Fassade über dem eigentlichen Brunnen paßt am ehesten in die römische Kaiserzeit. Einen kultischen Charakter hat die Anlage auch in christlicher Zeit behalten. In der Nische ganz rechts befand sich ein Johannes dem Täufer geweihtes Kapellchen, das jedoch zur Erforschung der antiken Baureste abgebrochen wurde.

Etwas unterhalb, im Ausgang der Schlucht, kam 1957 ein älterer Brunnenbau zutage. Er bestand aus einem rechteckigen Hof mit Wasserspeiern an der Stirnwand. Das Wasser wurde in einem Felsstollen gefaßt. Die sorgfältig gearbeitete Rinne hat Fugendichtungen mit Bleiverguß und speiste direkt vier Wasserspeier. Überfließendes Wasser wurde in Becken aufgefangen, die ebenfalls vier Auslässe in einer Reihe unter den Wasserspeiern hatten. Die Anlage wurde mit Putzgliederungen und Bemalungen umgestaltet und ist, den Benutzungsspuren und Auswaschungen zufolge, sehr lange in Gebrauch gewesen. Unsicher ist, ob sie von der neuen Kastalia ersetzt wurde oder noch weiter bestand. Aus der Kastaliaschlucht wurden auch die Waschbecken und das große runde Schwimmbecken im talwärts weiter unten gelegenen Gymnasion mit Wasser versorgt.

Zwei bemerkenswerte Details zeigen, wie bei den Wasserbauten nicht nur nach strengen Regeln, sondern auch mit lässiger Improvisation verfahren werden konnte: Eine der Bleiabdichtungen im Zulauf der älteren Kastalia zeigt nämlich den Abdruck von Ornamenten eines Dreifußbeinbleches, das aus dem 8. Jh. v. Chr. stammte und das zur Abdichtung des Vergusses gedient hatte. Geradezu komisch ist eine Abflußvorrichtung im Hauptheiligtum, die gar aus ineinander gesteckten Beinschienen besteht. Eine solche Zweckentfremdung hätte sich neben den anderen Vorführungen von Waffen im *Frieden*, der Antikriegskomödie des Atheners Aristophanes (aufgeführt 421 v. Chr.), nicht schlecht ausgemacht.

Die Kastalia war Inbegriff einer heiligen Quelle von reinigender und inspirierender Kraft. Die Nymphe gleichen Namens wurde mit Wasser- und Ortsgottheiten, Acheloos, Kephissos, Kastalios oder Delphos verbunden. Die ersteren waren bedeutende Flußgötter der antiken Mythologie, die beiden letzteren eher blasse Gestalten mythographischer Erfindungen. Ist die Verbindung der Kastalia mit dem Orakel materiell in bestimmten Ritualen, wie Bad oder Trank, gegeben, oder deutet sie eine immaterielle Wirkung im Sinne eines *genius loci* an? Das entspräche dann Flauberts «*paysage inspiré*», der von Geist durchdrungenen Landschaft.

Zu Ritualen finden wir in der Überlieferung nur Andeutungen: Die Pythia soll für ihre Weissagungen vom Wasser der Kastalia getrunken haben; einmal wird auch ein Bad im Brunnen zur Vorbereitung auf die Prophezeiung erwähnt. Dieses hat man sich eher als eine symbolische Waschung denn als eine Badeszene im Brunnenhaus vorzustellen, wie man sie auf Wasserkrügen der Zeit um 500 v. Chr. in Athen dargestellt findet. Den antiken Autoren war freilich der Aspekt inspirierender Heiligkeit als Bestandteil des *genius loci* wichtiger als dies nur beiläufig überlieferte Ritual. Das zeigt noch die christliche Polemik, die vom Verstummen der Quelle als Symbol für das Ende des Orakelkultes spricht.

Eine weitere Unsicherheit in der antiken Überlieferung kommt hinzu: Nicht nur die Kastaliaquelle, sondern auch die Kassotis wird mit der weissagenden Pythia verbunden. Pausanias spricht von deren Wasser im Adyton – im nicht zu betretenden Raum des Heiligtums – und seiner inspirierenden Kraft. Im Adyton der Ruine des klassischen Tempels gibt es aber keine Hinweise auf entsprechende Wasseranlagen, so daß die Lokalisierung der Kassotis recht unsicher bleibt. Möglicherweise ist die große, unvollendete Anlage oben neben dem Theater als Ausbau der Brunnenanlage zu erklären (U2, Nr. 609).

Weitere eindrucksvolle Brunnenanlagen findet der Besucher des Apollonheiligtums in der Nähe des Tempels. Zu dieser Lage paßt die Erwähnung eines Brunnens der Musen bei Plutarch (*Pyth.* or. 17), der dazu den Dichter Simonides (ca. 557/6 bis ca. 468/7 v. Chr.) zitiert. Die Göttinnen, denen man die Versform der Orakelsprüche verdankte, wurden hier in nächster Nähe zur Orakelstätte verehrt. Dieser Zusammenhang erlaubte die Deutung des Brunnens auf der Tempelterrasse als Musenbrunnen. In den Tempelfundamenten trat einst eine Wasserader aus, die zu einem Schöpfbecken abgeleitet wurde, zu dem man mit einer Treppe von der Terrasse abstieg. In der Anlage stecken als wiederverwendetes Baumaterial Säulentrommeln des 548/7 v. Chr. abgebrannten Tempels und andere Bauglieder, an denen die Bautechnik des 6. Jh.s v. Chr. zu erkennen ist. Der Brunnen scheint aber nach einiger Zeit versiegt zu sein; dazu passen die Bemerkungen bei Plutarch, der im Versiegen des Musenbrunnens ein Symbol für den Verzicht auf die Verskunst in den Orakelsprüchen sieht.

Ein weiterer Brunnen befindet sich südwestlich unterhalb der Tempelterrasse. Sein rechteckiges Becken mit einer gerundeten Bekrönung wurde von einem mit großen Steinen konstruierten Kanal gespeist, der rechtwinklig einmündet. Nach der Bauweise dürfte er noch in das 6. Jh. v. Chr. gehören, nach den starken Sinterablagerungen muß er sehr lange Wasser geführt haben. Diese Anlage liegt schräg zur Richtung der Tempelterrasse und dem Bau einer Nische, die das Brunnenbecken teilweise umfaßt.

Unmittelbar darunter liegt ein ummauerter Bezirk von etwa 8 ½ auf 6 ½ m, der mit wiederverwendetem älterem Material errichtet worden ist. Der Fundort von Weihungen, die im 5. Jh. v. Chr. beginnen, läßt die Anlage als Heiligtum des Heilgottes Asklepios bestimmen. Wasser und Brunnen spielten in dessen Kult eine wichtige Rolle. Mit Delphi war Asklepios verbunden, da er ein Sohn des Apollon war. Außerdem berichtet ein Mythos, Zeus habe ihn in Delphi mit dem Blitz erschlagen, weil seine Heilkunst die den Menschen gesetzte Grenze der Sterblichkeit zu überschreiten drohte. Alltäglich-Menschliches dagegen vergegenwärtigt die Inschrift *mè embaínein* (nicht hineinsteigen) am Brunnenbecken. Spuren ähnlicher Mahnungen zur Ordnung im Heiligtum finden sich auch noch in einer Inschrift, in der die Amphiktionen den Besuchern das Kampieren, Feueranzünden und das Aufstellen von Votiven in der Pastas (*Halle*) des Königs Attalos (SIG[3] 523) verboten. Wie kunstvoll und repräsentativ die Wasserversorgung im Heiligtum angelegt werden konnte, bezeugt hingegen eine Nachricht von Herodot (1, 51) über den Tempel zu seiner Zeit: Eine Jünglingsfigur in der Vorhalle goß Wasser in ein goldenes Becken, das König Kroisos gestiftet hatte.

Befestigungen Wie stand es um die Sicherheit von Heiligtum und Stadt im Krieg? Merkwürdig ist, daß es keine Befestigungsanlagen gab, die das Areal umschlossen. Der Hügelkamm westlich oberhalb des Apollonheiligtums trug eine Befestigung, die den Zugang von der Ebene von Amphissa her dominierte, aber nicht vollständig abriegelte. Nach der Art des Mauerwerks ist sie in das 4. oder 3. Jh. v. Chr. zu datieren. Vielleicht konnte sie die Rolle einer Fluchtburg erfüllen. Es gibt die Nachricht von einer Stadtbefestigung durch den Phoker Philomelos im Dritten Heiligen Krieg, doch könnte es sich bei der Anlage auch um eine Maßnahme der Aitoler zum Schutz vor den Kelten handeln.

An der Straße von Böotien und zur Bucht von Kirrha standen Wachtürme, die für Nachrichtenübermittlung und Sicherung gegen kleinere Bedrohungen geeignet waren, die aber strategisch kaum große Bedeutung gehabt haben können. Auch sie sind in das 4. oder 3. Jh. v. Chr. zu datieren.

Die natürliche Lage bot mit den schroffen Felsen von oben und den abfallenden Steilhängen nach unten dem Ort einen gewissen Schutz, da die engen Zugänge sicher schnell mit Verschanzungen zu sperren waren. Eine stärkere Befestigung wäre wohl nicht im Interesse der Kultgemeinschaft und ihrer jeweiligen Vormacht gewesen, denn sie hätte eine Einschränkung ihres Einflusses bedeutet. Delphi war zwar in den Heiligen Kriegen Zankapfel zwischen rivalisierenden griechischen Mächten; die

Gefährdung der Stadt war dabei aber verhältnismäßig gering, da es in diesen Konflikten nicht um völlige Unterwerfung und völligen Verlust von Rechten und Privilegien ging, sondern um die Vorherrschaft in der Kultgemeinschaft und über den heiligen Ort. Größere Gefahren drohten von Invasionen aus dem nichtgriechischen Raum – etwa von den Persern und Kelten (S. 94).

4. Delphi als «Nabel der Welt»

Der *genius loci* des antiken Delphi ist mit den beiden Aspekten von Weltoffenheit und von einer Sendung an die Menschheit verbunden. Der Mythos von den beiden Adlern (Pindar, *Pyth.* 4,4 mit den antiken Kommentaren), die der Göttervater Zeus von den Enden der Welt losfliegen ließ, um Delphi als deren Mittelpunkt zu erweisen, stellt die Idee eines geistigen und festlichen Zentrums für die Menschheit in einem bildhaften Geschehen dar.

Die Einflüsse, die Delphi empfing, erkennen wir außer in geschichtlichen Überlieferungen überwiegend in Leistungen materieller Kultur: Die Verehrer des Orakelgottes stellten ihr Streben nach Ruhm mit Bauten, Kunstwerken und Denkmälern zur Schau. So ist in Delphi abzulesen, wie die verschiedenen Mächte auf der Höhe ihrer Zeit ihren Führungsanspruch mit den anspruchsvollsten künstlerischen Mitteln darstellten. Anders sind die Verhältnisse im Bereich der geistigen Kultur. Hier war Delphi sowohl Empfänger, etwa im musischen Teil der pythischen Wettspiele, als auch als ideengebend für Dichter, Geschichtsschreiber und Philosophen.

Der Einfluß von Delphi auf die antike Welt hat ethische, religiöse und politische Aspekte. Die ethischen Aspekte haben ihren prägnantesten Ausdruck in dem berühmten «Erkenne dich selbst» und in populären Weisheitssprüchen gefunden. Eine offene oder verdeckte politische Wirksamkeit der delphischen Priester im Sinne einer apollinischen oder delphischen Ideologie, wie manchmal angenommen wurde, sollte man nicht zu hoch veranschlagen. Sie wäre schwer auszudenken, denn den Delphern ging es darum, ihre Interessen gegenüber den starken Institutionen der Kultgemeinschaft der Amphiktionen und der dort vertretenen großen Mächte zu wahren, Gönner und Spender zu finden und dem Kult- und Orakelbetrieb einen möglichst großen Kreis von Anhängern und Verehrern zu erhalten. Man kann sich daher in politischen Fragen nur eine Vermittlerrolle Delphis ohne großes eigenes Gewicht vorstellen.

Bedeutung hatte das delphische Orakel in Fragen offizieller religiöser Riten und Zeremonien. Diese spielten bei den griechischen Koloniegrundungen im Mittelmeerraum seit dem 8. Jh. v. Chr. eine wesentliche Rolle, wie Cicero zu Beginn seiner Schrift über die Weissagung (*de divinatione* 1,1) hervorgehoben hat: «*Quam vero Graecia coloniam misit in Aeoliam, Asiam, Siciliam, Italiam, sine Pythio, aut Dodonaeo aut Hammonis oraculo?*» (Wann hat Griechenland eine Kolonie nach Aeolien, Asien, Sizilien oder Italien ohne ein Orakel aus Delphi, Dodona oder dem Ammonheiligtum entsandt?) Cicero sieht hier Delphi in einer Konkurrenz mit anderen Heiligtümern, die bereits in der Orakelprobe der Kroisoslegende thematisiert wird und aus der Delphi als Sieger hervorging. Auf die Frage, womit der König gerade beschäftigt sei, antwortete die Pythia, indem sie theologische Erhabenheit mit der Wahrnehmung von Küchenduft aus dem fernen Sardis verband (Herodot 1, 47,3):

Wohl weiß ich, wieviel Sand am Meer, wie die Weite des Wassers,
Selbst den Stummen vernehm ich und höre des Schweigenden Worte.
In die Sinne dringt mir der Geruch der gepanzerten Kröte,
Wie man sie kocht zusammen mit Lammfleisch in eherner Pfanne.
Erz umschließt sie von unten, wie Erz auch darübergezogen.

Die Anfänge monumentaler Architektur In der Zeit von etwa 570 bis 550 v. Chr. liegen die Anfänge monumentaler Architektur in Delphi. Erhalten sind die Reste von Bauten, deren Material und Formen auf die Poros-Steinbrüche der Gegend von Korinth und Sikyon – Nachbarstädte im Nordosten der Peloponnes – und auf die Formen der dortigen Architektur weisen. Es han-

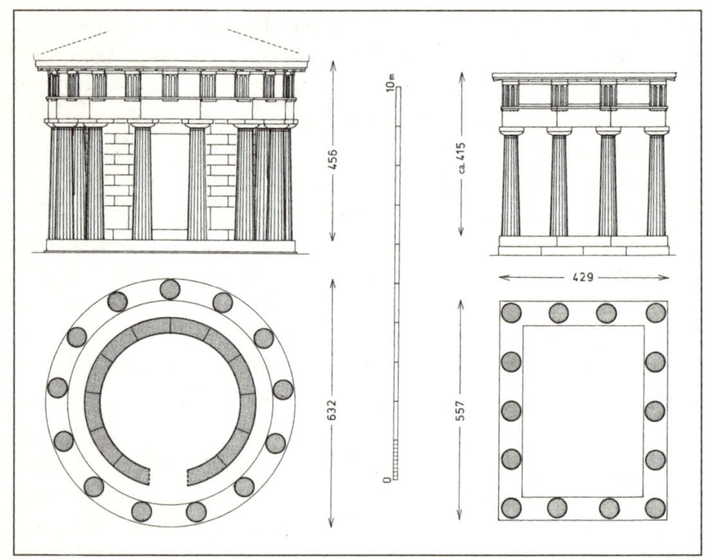

3 Tholos und Monopteros

4 Monopteros, Metope: Kastor, Polydeukes und Idas erbeuten Rinder, um die sie in tödlichen Streit geraten (um 560 v. Chr.)

delt sich um den ersten in Resten bekannten *Apollontempel*, den ersten nachweisbaren *Peribolos* (Umfassungsmauer des Heiligtums), einen kleinen säulenumstandenen Rundbau (*Tholos*) und einen kleinen offenen Rechteck-Säulenbau (*Monopteros*) (Abb. 3) von ebenfalls zierlichen Ausmaßen, der sich durch die Reliefbilder seiner Metopen voll frischer Erzählfreude auszeichnet (Abb. 4). Den historischen Hintergrund bildet die Herrschaft

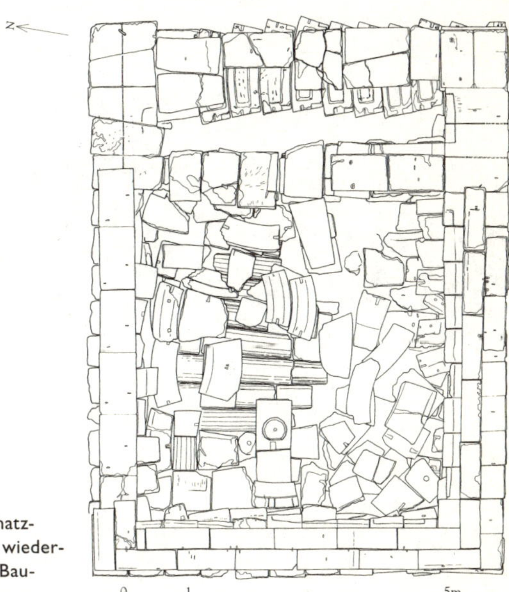

5 Fundamente des Schatzhauses von Sikyon mit wiederverwendeten, älteren Baugliedern

des Tyrannen Kleisthenes von Sikyon, der eine führende Rolle in der Koalition der Amphiktionen im Ersten Heiligen Krieg (ca. 595–585 v. Chr.) gegen die lokale Macht der Phoker und bei der Einrichtung der pythischen Wettkämpfe gespielt hatte.

Von Tholos und Monopteros kennen wir nicht einmal Fundamente oder den genauen Standort, denn es ist von ihnen nur Material erhalten, das im Unterbau des Schatzhauses von Sikyon (Abb. 5 und U2, Nr. 121) Wiederverwendung fand. Es handelt sich um eine alte, vorkanonische Form des dorischen Stils mit seltsamen Eigenheiten: Das Gebälk wirkt groß und schwer, gegenüber den Säulen erdrückend, im Aufriß erreicht es fast deren halbe Höhe; und bei der Tholos fehlen die Tropfen an den *Regulae* (Platten unter dem Vorsprung des Dachgesimses), die schweren Architravblöcke sind zur Erleichterung wie Tröge ausgehöhlt. Diesen frühesten Porosbauten im Haupttheiligtum war der erste Tempel im Heiligtum der Athena Pronaia verwandt, von dem Reste von Säulen und Kapitellen gefunden wurden.

6 Kykladische Schatzhausbauten in Delphi:
Schatzhäuser von Knidos, Massalia und Siphnos

Bemerkenswert ist, daß trotz der Anspannung der Kräfte für die Bauprojekte im Haupttheiligtum auch das Athenaheiligtum von der Kultgemeinschaft und von auswärtigen Stiftern mit Bauten bedacht wurde. Auffällig ist eine Parallelität der älteren archaischen, der spätarchaischen und der spätklassischen Tempelbauten in den beiden Heiligtümern, so als sollte das Athenaheiligtum dem Hauptheiligtum jeweils mit stattlichen, aber im Rang doch etwas zurückstehenden Bauten folgen.

Von vielen Bauten der Zeit des 6. Jh.s v. Chr. in Delphi kennen wir nur die Fundamente. In der Reihe entlang der älteren Umfassungsmauer im Westen und in der Tempelterrasse sind die tieferen Niveaus dieser Bauten besonders deutlich.

Der lokale, vom nahegelegenen Korinth und von Sikyon geprägte Charakter der Baukunst in Delphi wurde bald eindrucksvoll verändert. Einen Auftakt hierzu bildete um 570/60 v. Chr. die Weihung der riesigen Sphinxsäule der Naxier (S. 61 f.). Seit etwa der Mitte des 6. Jh.s v. Chr. schickten reiche Handelsstädte Architekten und Werkleute aus dem Osten zusammen mit dem kostbaren Bau- und Bildhauermaterial des Marmors von den Inseln nach Delphi. Als Stifter von Schatzhäusern kennen wir die kleinasiatischen Städte Klazomenai und Knidos, die Kykladeninsel Siphnos und das vom kleinasiatischen Phokaia im fernen Westen gegründete Massalia (Marseille). Dazu kommen die Chioten als Stifter des hochragenden Altares vor dem Apollontempel mit den prunkvollen Voluten als Seitenwangen des Altartisches. So kommt es, daß die kykladische Baukunst auch nach neueren Forschungen in ihrer Heimat kaum so gut bekannt ist wie in Delphi (Abb. 6). Mit dem fehlgeschlagenen ionischen Aufstand gegen die Perser (499–494 v. Chr.) und der Führungsrolle Athens in den Perserkriegen (490, 480–478 v. Chr.) ging dieses Kapitel der Baukunst in Delphi zu Ende.

Charakteristisch für diese kykladische Baukunst ist die souveräne Technik der Steinbearbeitung. Der Marmor wurde auf den Kykladen auch für Aufgaben verwendet, zu denen man sonst Holz und gebrannten Ton verwendete: zur Herstellung von Steinbalken, Türflügeln und deren Angeln aus verzapften Steinzylindern, sogar für Dachziegel, die so dünn waren, daß sie das Tageslicht durchscheinen ließen.

Hell verputzt und in Details farbig gefaßt, konnten die Porosbauten mit den Marmorbauten bis zu einem gewissen Grad wetteifern, doch erzielten die Marmorbauten mit dem Schimmer des kristallinen Gesteins und dem präzisen Schnitt der reichen Bauornamente eine unvergleichliche Wirkung. Haben die dorischen Bauornamente mit kantigen Leisten, Platten und zapfenartigen «Tropfen» im Gebälk, mit flachen Kehlen, scharfen Graten und gedrehten Kapitellpolstern an den Säulen etwas vom Charakter der Zimmermannskunst, so zeigt die ostgriechische Marmorarchitektur einen üppigeren, von Pflanzenmotiven inspirierten Charakter. Als Schmuck der Vorhallen erscheinen anstelle von Säulen festlich gekleidete Mädchenfiguren (Schatzhäuser u. a. von Knidos und Siphnos). Das Motiv solcher sogenannter Karyatiden haben die Griechen an orientalischen Bauten (wie etwa Tell Halaf in Nordostsyrien) kennengelernt. Die Portale werden durch ein eigenes, prunkvolles Gebälk betont, das auf riesigen, volutengeschmückten Konsolen ruht. Die für den antiken Bauschmuck wichtigste Eigenheit sind die Relieffriese, die sich ohne Unterbrechungen – im Gegensatz zu den dorischen bildtafelartigen, von Triglyphen getrennten Metopen – um den ganzen Bau ziehen. Von dieser Gruppe ist am besten das Schatzhaus der Siphnier erhalten, das aus den Erträgen der dortigen Gold- und Silberbergwerke finanziert wurde und das vor den Überfall und die Plünderung der Insel durch die Samier 524 v. Chr. datiert wird (S. 53, 75 f.).

Gold und Weisheit Gold und Weisheit sind zwei Begriffe, die mit dem antiken Delphi in besonderer Weise verbunden sind. Der Besitz des Goldes galt, da man ihn auch immer wieder zerrinnen sah, als bedenklich. Aber auch die Weisheit unterlag den mit den Zeiten sich wandelnden Erfahrungen und Urteilen. Bei den Berichten Herodots – des Vaters der Geschichtsschreibung (484–424 v. Chr.) – von den zentnerschweren Gold- und Silbergeschenken des Kroisos findet man nicht nur staunende Bewunderung, sondern auch eine nach der Katastrophe des Königs skeptisch-fatalistische Einschätzung.

In den Liedern, die als Auftragsgedichte sportliche und kriegerische Siege der sizilischen Tyrannen in den Jahrzehnten um 480 v. Chr. preisen, bilden Ruhm, Gold, Frömmigkeit und delphisches Heiligtumsambiente eine merkwürdige Einheit: *«Hymnenschatzhaus im goldreichen Tal des Apollon»* nennt Pindar sein Siegeslied für Xenokrates aus Agrigent, sein Zeitgenosse Bakchylides besingt die Weihungen der Deinomeniden von Syrakus und Gela: *«Im Licht strahlt das Gold der hochgebauten Dreifüße vor dem Tempel, wo die Delpher den größten Hain des Phoibos bei der Kastalia pflegen.»*

Als Gegenstimmen zu dieser Art von Bewunderung können Bemerkungen von antiken Historikern angeführt werden. Die Beeinträchtigungen, die an subtil ausgearbeiteten Prunkweihungen mit der Zeit nicht ausblieben, wurden als Vorzeichen für das wechselnde Glück gedeutet (Plutarch, *Pyth. or.* 7 f., 397 E/F und *Lys.* 18). Die goldenen Zeiten waren dann mit dem Dritten Heiligen Krieg (356–346 v. Chr.) vorbei, in dem die Phoker auf die Schätze des Heiligtums zurückgriffen, um ihren Kampf zu finanzieren. Man sagte ihnen sogar das törichte Mißverständnis eines Dichterwortes nach, weswegen sie unter dem Tempel nach Schätzen gegraben hätten (Diodor 16, 56, 7–8; Strabon 9, 3, 8 [420 f.]). Sie mußten schließlich schwere Reparationen zahlen, die zur Vollendung des liegengebliebenen Tempelbaus dienten. Verschiedene Weihgeschenke wurden damals als Ersatz des verlorenen alten Reichtums wiederhergestellt. Nach einer Periode der Armut des Heiligtums finden wir dann bei Plutarch eine besinnliche Dankbarkeit für die Wiedererlangung eines Wohlstandes, der sich nicht zuletzt der Fürsorge der Kaiser in Rom verdankte.

Als Quintessenz delphischen Geistes gilt der Spruch *gnóthi seautón*, erkenne dich selbst. Er gehört zu den Aussprüchen der *Sieben Weisen*, die laut Pausanias in der Vorhalle des Apollontempels aufgezeichnet waren. Die Traditionen über die Sieben und ihre Sprüche sind sehr vielfältig – sowohl in der Auswahl der Weisen als auch in der Zuordnung der Sprüche, bei denen es sich eher um volkstümliche Lebensregeln und Ansichten als um tiefere philosophische Einsichten handelt (in den Mund gelegt wurde Thales: *«Erkenne dich selbst!»*, Solon: *«Nichts zu sehr!»*, Chilon: *«Bürgschaft – schon ist Unheil da»*, Pittakos: *«Erkenne den passenden Augenblick!»*, Bias: *«Die Meisten sind schlecht»*, Kleobulos: *«Maß ist das Beste»* und Periander: *«Alles ist Übung»*). Wie beliebt dieser Stoff bis in die römische Kaiserzeit war, zeigen Silberlöffel mit den Sprüchen, mit denen man diese Weisheiten buchstäblich essen konnte oder der respektlose Latrinenhumor in einer Kneipe in Ostia, der Hafenstadt Roms, wo die weisen Herren in Wandbildern den Gästen mit Verdauungssprüchen Gesellschaft leisteten. Der Sinn der Legende im Hinblick auf Delphi bestand darin, daß im Wettstreit der Weisen keinem von ihnen, sondern nur dem Gott der Preis der Weisheit zuerkannt wurde. Dieses Verhältnis von menschlicher und göttlicher Weisheit ist weitergedacht im sokratischen *«oída ouk eidós»*, ich weiß, daß ich nicht weiß. Den Rang dieses Gedankens bestätigte das Orakel, indem es Sokrates (um 470–399 v. Chr.) zum klügsten der Menschen erklärte, weil er wisse, daß er nicht wisse.

Die Kroisos-Geschichte Kroisos, Sohn des Alyattes, war der letzte König, der im kleinasiatischen Lydien herrschte (um 560 bis 546 v. Chr.). Er unterwarf die an der Westküste Kleinasiens siedelnden Griechen und das Innere Kleinasiens bis zum Fluß

Halys und erlangte märchenhaften Reichtum, so daß er als der sprichwörtliche «Krösus» einen festen Platz in unserem kulturellen Gedächtnis gefunden hat. Als Kroisos nach all seinen Erfolgen nun überlegte, seine Herrschaft auch über die im Osten lebenden Perser auszudehnen, schickte er zur Vorbereitung des Unternehmens als Ratsuchender eine Gesandtschaft nach Delphi und erhielt als Orakelspruch zur Antwort, er werde, wenn er den Halys überschreite, ein großes Reich zerstören. In Verkennung des Doppelsinns dieser Auskunft überschritt er den Fluß und wurde 546 v. Chr. vom Perserkönig Kyros II. besiegt und gefangengenommen.

Kroisos ist die zentrale Gestalt der halb geschichtlichen, halb legendenhaften Orakelwelt Delphis. Was Herodot über ihn im ersten Buch seiner Historien ausführlich berichtet, umfaßt höchste Steigerungen von Motiven der Macht, des Reichtums, des großzügig-frommen Stiftertums und den tiefen Fall durch die Niederlage gegen die Perser. Historisch sind die präzisen Angaben von Herodot mit den Material-, Maß- und Gewichtsangaben von Weihgeschenken des Kroisos, die auf delphischen Heiligtumsinventaren beruhen.

Die Überlieferung setzt sich mit der Frage nach der Gerechtigkeit in der Kroisos-Geschichte auseinander. War der Pythia-Spruch, daß Kroisos mit der Überschreitung des Flusses Halys gegen den Perserkönig Kyros ein großes Reich zerstören würde, tückisch, weil Kroisos ihn auch für sein eigenes Reich hätte gelten lassen müssen? War das reich beschenkte Delphi trügerisch und undankbar? Hier ging es um die Glaubwürdigkeit des Orakels und das Ansehen des Kultes. Die Rechtfertigungen bedienten sich philosophischer und der Tragödie verwandter Gedanken. Im philosophischen Sinne ging es darum, daß Geschenke an einen Gott nicht das politische Geschehen, geschweige denn das Schicksal beeinflussen, und darum, daß der Frager sich selbst zu erkennen hat. Im tragischen Sinne wurde das Unglück des Kroisos als Sühne für ererbte Schuld erklärt, denn sein Ahn Gyges habe durch einen Verrat die lydische Herrschaft begründet, und es sei durch die Gunst Apollons geschehen, daß Kroisos nicht schon drei Jahre früher untergegangen sei. Über sein Ende gibt es widersprüchliche Überlieferungen – hier der Tod durch den siegreichen Kyros, dort die Selbstverbrennung bei der Eroberung von Sardis. Die Legenden haben daraus zwei konträre Versionen entstehen lassen: Kyros habe den besiegten Kroisos gnädig aufgenommen, oder Apollon habe ihn vom Scheiterhaufen zu den Hyperboreern entrückt, ein legendenhaftes, von Apollon geliebtes Volk, gleichsam ein Gefilde der Seligen. Hier gehen die geschichtlichen Fakten in sinnsuchende Legende über. Für Herodot bildet die Kroisos-Geschichte einen Teil des Geschehens zwischen der griechischen und der orientalischen Welt; sie ist Teil eines Spannungsbogens, der vom Trojanischen Krieg bis zu den Perserkriegen seiner eigenen Epoche reicht. Wie sehr die Gestalt des Kroisos die Griechen beschäftigt hat, zeigt auch das monumentale Vasenbild von Kroisos auf dem Scheiterhaufen (Abb. 7), das von Bühnenaufführungen angeregt sein könnte. Historisch bleibt das Bild von der Führungsrolle des Königs im ostgriechischen Bereich, die er mit seinen Beziehungen zum Heiligtum in Delphi stärken wollte.

7 Kroisos auf dem Scheiterhaufen. Amphora des Myson, Athen, um 500/490 v. Chr. (Paris, Louvre)

Die Perserkriege Der Konflikt mit der persischen Großmacht im Osten brachte eine noch größere Gefahr für das Ansehen von Delphi, und zwar durch die Invasion des Perserkönigs Xerxes 480 v. Chr. Der persische Einfluß in Mittelgriechenland war so stark, daß sich der Widerstand erst weiter südlich, bei Athen und den Peloponnesiern, formieren konnte. Herodot berichtet von der Befragung des Orakels durch das bedrohte Athen. Die Antwort fällt aus dem Ton der überlieferten Sprüche völlig heraus, sie ist direkt, alarmierend, unverschlüsselt, demoralisierend, macht Panik, läßt dem am Ende geforderten Nachdenken kaum einen Raum. Die Ratsuchenden werden förmlich verstoßen, apokalyptische Bilder blutigen Schreckens werden beschworen, der selbst die Götter packt:

Arme! Was sitzt ihr noch hier? Wohlan, bis ans Ende der Erde
Flieht aus dem Haus, aus der rundlichen Stadt hochragenden Felsen!
Nicht entgeht der Leib, nicht das Haupt dem grausen Verderben,
Nicht bleiben unten die Füße, die Hände nicht, nichts in der Mitte
Unverletzt; denn alles gilt nichts. Nieder stürzt es zur Erde
Feuer und Ares' Wut, der auf syrischem Wagen einherfährt.
Doch die eine nicht nur, viele andere Burgen zerstört er,
Viele Tempel der Götter gibt er der verheerenden Flamme.
Jetzt schon stehen triefend vor Schweiß die unsterblichen Götter,
Zitternd und bebend vor Furcht, von den obersten Zinnen der Tempel
Rinnt dunkles Blut, zum Zeichen des Zwanges des kommenden Unglücks.
Fort aus dem Heiligtum hier! Und wappnet den Sinn gegen Unheil!

Das Blut auf dem Tempeldach kehrt wieder als Omen vor der Zerstörung Thebens durch Alexander den Großen rund einhundertfünfzig Jahre später (Diod. 17,10,4). Unglaublich erscheint der Fortgang der Geschichte, wie ihn Herodot berichtet. Als könnte man mit inständigen Bitten an den Gott den Lauf des Schicksals ändern, kommen die abgewiesenen Athener mit der Bitte um ein günstigeres Orakel wieder nach Delphi, das sie tatsächlich erhalten. Die unsterblichen Götter triefen nicht mehr vor Angstschweiß, sondern die «Tritogeborne» Athena bittet Zeus, wenn auch vergeblich, um die Schonung ihrer Stadt. Die strategische Lage, der drohende Verlust der Gebiete wird mit mythologischen Namen umschrieben, schließlich die Empfehlung gegeben, den offenen Kampf zu Land zu vermeiden und den Schutz hölzerner Mauern zu suchen. Hier haben wir konventionelle, orakelgemäße Verschlüsselungen, wie auch im Hinweis auf die göttliche Insel Salamis. Als richtige Deutung erwiesen sich die Schiffe als hölzerne Mauern, nicht das Gestrüpp und die Verrammelungen der Akropolis, als richtig auch die Insel Salamis als unheilbringend für die Angreifer, nicht die Angegriffenen. Offen gelassen war der Zeitpunkt der Entscheidung, Saat- oder Erntezeit ... hier ahnt man eine Flexibilität in der Planung der militärischen Operationen:

Pallas Athene vermag den Olympier nicht zu versöhnen,
Mag sie auch flehend ihm nahn, wortreich mit verständigem Rate.
Doch dir sag ich ein anderes Wort, wie Stahl fest gegründet:
Ist das übrige alles von Feinden genommen, was Kekrops'
Grenze umschließt und die Schluchten des heiligen Berges Kithairon,
Dann gibt die Mauer aus Holz der Tritogebornen weitschauend
Zeus unbezwungen allein, dir und deinen Kindern zu Nutze.
Doch erwarte du nicht der Reiter Schar und das Fußvolk
Ruhig auf festem Boden! Entweiche dem drohenden Angriff,
Wende den Rücken ihm zu! Einst wirst du ja dennoch sie treffen.
Salamis, göttliche Insel, die Kinder der Frauen vertilgst du,
Sei es zu Demeters Saat oder sei es zum Zeitpunkt der Ernte.

Mit diesem Orakel war das Ansehen des delphischen Orakels gerettet, wenn auch der Makel des ‹*medízein*›, der Meder-, d. h. Perserfreundlichkeit, nie ganz aus der Erinnerung verschwand.

Bemerkenswerte Orakel aus späteren Jahrhunderten Wie aber Vorbehalte gegenüber dem Orakel auch als legitim empfunden werden durften, zeigt eine Befragung, die durch das amtliche Protokoll in einer Inschrift (IG II^2 204) historisch gesichert ist: In Athen hatte sich ein Zwist wegen der Nutzung von Heiligtumsländereien zur Finanzierung von Bauvorhaben im Heiligtum zu Eleusis entwickelt, der 352/1 v. Chr. mit einer Anfrage bei der Pythia entschieden werden sollte. Um jede Einflußnahme zu verhindern, beschloß man, die gegenteiligen Anträge auf Zinnbleche zu schreiben, diese unkenntlich mit Wolle zu umwickeln und in eine bronzene Hydria (Wasserkrug) zu legen. Dort sollten die Teile geschüttelt und nacheinander entnommen werden, das erste in eine goldene Hydria, das zweite in eine silberne. Die Frage in Delphi hatte dann nur zu lauten, ob die richtige Entscheidung in der goldenen oder in der silbernen Hydria enthalten sei. Der zweite Vorwurf politischer Parteinahme in einem welthistorischen Kontext betraf die Haltung Delphis gegenüber der Expansion durch König Philipp II. von Makedonien: Der Pythia wurde *‹philippízein›* nachgesagt, sie sei philippisch. Einer ihrer Ratschläge sei gewesen, mit silbernen Lanzen zu kämpfen, d.h. mit Geld – sei es für Bestechungen oder, wie auch erklärt wird, mit Söldnern.

Kann man einen Begriff delphischer Frömmigkeit umschreiben? Antike Kritiker und die polemischen Angriffe von christlicher Seite heben Täuschung von Ratsuchenden und Undank gegen Stifter hervor. Doch ist auch die Widerlegung dieser Kritik überliefert. Die Tatsache der Täuschung wird anerkannt, aber gänzlich umbewertet. Nicht der Gott und das Orakel hätten die Menschen getäuscht, vielmehr hätten sich diese selbst getäuscht. Frömmigkeit im Sinne Delphis bedeutet eine sehr menschliche Erlebnisnähe zum Heiligen in Verbindung mit selbstkritischer Schicksalsdeutung. Die angeführte Polemik versucht dagegen, Kultbetrieb und Glaubensvorstellungen voneinander abhängig zu machen. Hier stehen die Seinsphilosophie Platons, kosmologische Spekulationen Plotins und die Theodizee des Buches Hiob gegen die allzumenschliche Vorstellung eines *«do ut des»* (ich gebe, damit du gibst) im Verhältnis der Menschen zu Gott.

Ein merkwürdiges und für uns einzigartiges Zeugnis spekulativer Religiosität ist ein Orakel von Apollon auf Anfrage des Philosophen Amelios, überliefert von seinem Mitschüler und Konkurrenten Porphyrios in der Lebensbeschreibung ihres verewigten Lehrers und Meisters Plotin (234 bis etwa 301/305 n. Chr.) – gemeint ist sicher das Orakel von Delphi als das Apollonorakel, das alle anderen Orakelstätten an Bedeutung überragte.

Die Frage des Amelios an das Orakel galt dem Aufenthalt der Seele des Meisters. Die Antwort entwirft ein Jenseitsbild mit der Versammlung großer Heroen des Geistes und der Gerechtigkeit – den Philosophen Platon, Pythagoras, Plotin und den mythischen Totenrichtern Minos, Aiakos und Rhadamanthys. Bei dem Bild der Rettung aus dem tosenden Meer der Mühen und Kämpfe des Lebens an die Küste des Jenseits stand wohl Homers Schilderung der Rettung des schiffbrüchigen Odysseus Pate. Für die Unstetheit des Lebens steht das Bild vom Zelt als

Aufenthalt, der keine Dauer hat. Das Jenseits wird ganz spirituell als ungetrübt und lichtvoll gepriesen, ganz fern von allen irdischen Vorstellungen in eine entschiedene Transzendenz entrückt. Das Ganze bildet einen wahren Hymnus von beträchtlichem Umfang. Es sind 50 Verse, unter ausdrücklicher Berufung auf Homer in traditioneller epischer Sprache gehalten, Homers Sprache aber mit philologischem Ehrgeiz in ausgesuchtester Wortwahl übertreffend, von recht künstlicher Wirkung, an dithyrambische Poesie erinnernd:

Ich hebe an, unsterblichen Hymnos, von der Phorminx begleitet, zu singen, verwebend mit honigsüß tönender Stimme unter den Strichen des goldenen Plektrons den sanften Wohllaut der Kithara. Ich rufe die Musen, gemeinsam die Stimme zu erheben, mit volltönenden Jubelrufen (Iakchai), mit großen Harmonien, … Höheres Wesen (Dämon), ein Mensch zuvor, jetzt göttlicheren Wesens teilhaftig, als Du die Fesseln des Schicksalszwanges der Menschen löstest, Dich mit starkem Sinn des tosenden Streites der Glieder erwehrend, schwammst Du an den Strand der meerbespülten Küste, fern von der Menge und den Frevlern, der reinen Seele schön beschwingten Gesang zu erheben, wo Dich das Leuchten des Gottes umstrahlt, wo in Reinheit die Orakel fern von allem unrechten Frevel erteilt werden. … Jetzt hast Du Deinen Leib der Auflösung anheim gegeben, jedoch ein Denkmal Deiner göttlichen Seele zurückgelassen und bist in die Gesellschaft der Götter eingegangen, die lieblichen Hauch atmet. Dort ist Liebe, dort auch zartes Sehnsuchtsverlangen zu erleben, voll reiner Heiterkeit, erfüllt von göttlichen Ambrosiaströmen, von wo auch das Vertrauen der Liebesgötter kommt, süßer Hauch und Ruhe der hohen Himmelsluft. Dort wohnen als goldene Nachkommenschaft des Zeus die Brüder Minos und Rhadamanthys, dort auch der gerechte Aiakos, Platon, heilig und erhaben, auch der treffliche Pythagoras, alle, die den Chor für die unsterbliche Liebe gesungen haben, … O, Seliger, wie viele Mühen und Kämpfe auch immer Du ertragen hast, jetzt bist Du zusammen mit den Göttern der Fülle des Lebens teilhaftig. Laßt uns Gesang anstimmen zum wirbelnden Rundtanz, freudebringende Musen Plotins; mit meiner Kithara habe ich dies für den Glücklichen vorgetragen.

Der hymnische Charakter dieses Orakelspruchs hat Vorläufer, etwa im Spruch an Kroisos über die Allwissenheit des Gottes (S. 49). Doch spürt man wichtige Unterschiede: Im knapperen älteren Spruch tritt der Mensch unsentimental hinter das Gotteslob zurück, der jüngere dagegen kreist mit immer neuen Wendungen um das Thema einer Menschenseele, die Gott und Wahrheit sucht. Dieser Orakelhymnus ist recht konträr beurteilt worden. Gegen die Anerkennung als echtes Orakel wurde einleuchtend eingewendet, daß die Pythia dieses Gedicht nur hätte geben können, wenn Amelios es ihr mitgebracht hätte.

Ob der Hymnus tatsächlich zu realen Zeremonien in Delphi gehörte, ist eine Frage historischer und philologischer Kritik, die vielleicht negativ zu entscheiden ist. Für die Bewußtseins- und Geistesgeschichte ist er aber ein eindrucksvolles Zeugnis von Bestrebungen, eine volkstümliche, an einen Kultort gebundene Frömmigkeit mit anspruchsvollsten philosophisch-religiösen Spekulationen zu verbinden – das Jenseitsbild mag an die Paradiesvisionen Dantes erinnern. Man hat in dem Gedicht die Verteidigung paganer Traditionen gegen das Christentum erkennen wollen, doch erscheint das nicht nötig. In der Hinwendung zur Transzendenz sind pagane und christliche Vorstellungen dieser Zeit verwandt. Bezeichnend für den Geist der Epoche ist der Vergleich dieses Jenseitsbildes mit einem anderen, über ein halbes Jahrtausend älteren, das wir Pindar verdanken, dem privilegierten Dichter des delphischen Heiligtums in seiner Glanzzeit des 5. Jh.s v. Chr. (*Threnoi* VII). Hier wird das Irdische im Jenseits nicht überwunden, sondern ins Schönste gesteigert – duftende Gärten, üppige Feste, Spiel, Sport, als höchste Erfüllung adeliger Lebensideale für die Verewigten:

Ihnen leuchtet die Macht der Sonne
Während hier unten Nacht ist;
Und auf Wiesen voll purpurner Rosen vor der Stadt
Ist ihr Aufenthalt, von schattigen Zedern
Und Bäumen mit goldenen Früchten tief belastet (umstanden) ...
Und die einen erfreun sich an Rossen und Ringkampf
Und wieder andere am Brettspiel,
Andere an den Klängen der Phorminx. Bei ihnen
Blüht jede Art schönprangenden Glücks
Duft verbreitet sich in dem lieblichen Ort,
Immer verbrennen sie dort im weithin leuchtenden Feuer
Vielfältige Opfer auf den Altären der Götter.

Einige der überlieferten Orakelsprüche haben einen ganz anderen, sogar humorvollen Charakter und handeln selbst vom Lachen, das verloren oder auch nicht zu bändigen war. Die Tirynther hatten sich einst an den Gott gewendet, weil ihnen ihre Lachlust und Albernheit zu schaffen machte, so daß sie zu ernsten Geschäften nicht mehr in der Lage waren. Das daraufhin durch die Pythia befohlene, ernst darzubringende Opfer der Gemeinde mißlang, obwohl die Tirynther sich vorsorglich bemüht hatten, ihre Kinder fernzuhalten; eines war aber doch erschienen und sorgte mit einer Nachfrage, was es mit der Vorsicht der Erwachsenen auf sich habe, für eben jenes Gelächter, das man hatte vermeiden wollen. Die Tirynther beschieden sich mit der Einsicht, der Gott habe ihnen zeigen wollen, wie schwer eingefleischte Gewohnheiten geändert werden könnten (Athenaios 6, 26 D). Das Orakel half so den Menschen, ihr Lachen zu behalten; in einer anderen Geschichte half es sogar, verlorenes Lachen wiederzufinden: Parmeniskos aus Metapont hatte sich mit diesem Wunsch an das Orakel gewandt, das Hilfe durch Leto, die Mutter des Apollon, versprach. Der Wunsch wurde schließlich im Letotempel auf Delos erfüllt. Parmeniskos fand das urtümliche Bild der Göttin so komisch, daß er in Lachen ausbrach.

Hymnische Töne über Delphi mischt Pindar (*Pyth.* 9, 44–49) mit etwas respektloser Situationskomik. Apollon, der Herr des ratspendenden Heiligtums, ist verliebt und ratlos vor Verlangen nach der schönarmigen Nymphe Kyrene, deren Freude nicht der Webstuhl, sondern Waffen und Jagd sind. Er wendet sich an den weisen Kentauren Chiron, der ihm vorhält:

Fragst du nach des Mädchens Sippe, o Herrscher,
Der du kennst das schicksalsbestimmte Ziel aller Dinge und Wege?
Wieviel Blätter die Erde im Frühling heraufschickt,
Wieviel Sandkörner in den Meeren und Flüssen
Von den Wogen und Windstößen umgewälzt werden,
Und was sein wird, und woher
Künftiges kommt,
Siehst du genau.

5. Das Heiligtum gewinnt eine neue Gestalt (Ende 6. Jh. v. Chr.)

Der Tempel 548/47 v. Chr. brannte der Tempel ab. Dies gab Anlaß nicht nur für einen Neubau, sondern auch zu einer umfassenden Neugestaltung des Heiligtums (Abb. 8 und U2). Die Kosten des Tempelneubaus wurden vom Amphiktionenrat auf 300 Talente veranschlagt, von denen die Delpher ein Viertel aufzubringen hatten. Da sie dazu aus eigner Kraft nicht in der Lage waren, unternahmen sie eine Kollekte, die sie bis nach Ägypten zu Pharao Amasis und dort ansässigen Griechen führte. Auch ein Geschenk des Lyderkönigs Kroisos an die Bürger von Delphi ist wohl auf diesen Anlaß zu beziehen.

Den Bauauftrag übernahm das athenische Adelsgeschlecht der Alkmeoniden, worüber Herodot (5, 62) berichtet: «*Als der Tyrann Hippias den Athenern wegen der Ermordung des Hipparchos grollte, machten die Alkmeoniden, eine von den Peisistratiden verbannte athenische Familie, den Versuch, im Bund mit den übrigen Vertriebenen der Athener die Rückkehr mit Waffengewalt zu erzwingen; sie hatten aber damit keinen Erfolg, sondern erlitten bei diesem Versuch, zurückzukehren und Athen zu befreien, sogar eine schwere Niederlage (*513 v. Chr.*). Da befestigten sie den Ort Leipsydrion nördlich von Paionia. Dann ließen sie sich, um alle Mittel gegen die Peisistratiden einzusetzen, von den Amphiktionen den Bau des Tempels in Delphi, der noch heute steht – damals gab es ihn noch nicht –, gegen eine Geldzahlung übertragen. Weil sie reich und ein altes, angesehenes Geschlecht waren, bauten sie den Tempel schöner aus, als es der Plan vorschrieb. Vor allem verwendeten sie zum Bau der Vorderseite parischen Marmor, während nach dem Modell mit ihnen nur Porosstein ausbedungen war.*» Die kostbarere Ausführung ist durch den Fund der Ostgiebelfiguren und auch des Dachrandes in Marmor bestätigt worden; der Westgiebel ist nur aus Kalkstein.

8 Modell des Apollonheiligtums

Dieser Auftrag war Teil einer Exil- und Koalitionspolitik der Alkmeoniden, die schließlich 510 v. Chr. mit spartanischer Hilfe zur Vertreibung des Tyrannen Hippias, des letzten der Peisistratiden, aus Athen führte. Man behauptete sogar, die Pythia sei von den Alkmeoniden bestochen worden, mit Orakelsprüchen die Spartaner zum Eintreten gegen die Peisistratiden zu bewegen. Als Erklärung ist vorstellbar, daß Baugelder vorübergehend als «Kredit» für die politischen und militärischen Unternehmungen der Alkmeoniden dienten, für den dann mit dem marmornen Fassadenschmuck als außervertraglicher Leistung gedankt wurde.

Die Überlieferung deutet auf eine lange Dauer des Projekts hin. Fundamente von 60 m Länge, bis 8 m Höhe und mindestens 4 m Dicke wurden aufgeführt. Die große Polygonalmauer der Tempelterrasse umfaßte mit 117 m Länge ca. 1500 m³ Stein. Bei dem Ausmaß der Vorarbeiten wäre die Zeitspanne vom Brand bis zum eigentlichen Tempelbau nicht verwunderlich. Von dem archaischen Tempel sind noch eindrucksvolle Reste trotz des völligen Neubaus im 4. Jh. v. Chr. zu sehen. Dazu gehören die Fundamente und die in späteren Verwendungen zerstreuten Teile des Aufbaus.

Im 2,35 m hohen Giebelfeld standen vollrund ausgearbeitete Figuren, die mit Verdübelungen in der Rückwand gesichert waren. Der marmorne Ostgiebel (Abb. 9) zeichnet sich durch erhabene, frontale Motive aus: Apollon kommt in seinem Heiligtum auf einem Viergespann an. Die Pferde treten kühn vor, sind aber durch die Rümpfe zur Montage an der Giebelwand abgeschnitten. Grüßende Jünglinge und Mädchen, die freilich nicht sicher erklärt sind, flankieren die Mitte. Bewegte Tierkampfgruppen von Löwen, die ein Reh beziehungsweise einen Stier reißen, füllen die Zwickel. Wie bei dem klassischen Nachfolgebau sind die Giebel- und Giebelaufsatzfiguren von Künstlern aus Athen ausgeführt worden. Eine Frauenfigur des Giebelaufsatzes ist einer von Antenor signierten Kore von der Akropolis so ähnlich, daß man denselben Künstler als ihren Schöpfer annehmen darf.

9 Der Ostgiebel des archaischen Tempels.
Im Wagen wird jetzt nur noch die Gestalt des Apollon rekonstruiert.

Der Westgiebel zeigte einen Gigantenkampf, ebenfalls mit einem frontalen Gespann in der Mitte, doch als stark bewegte Komposition. Die Figuren sind noch stärker als jene vom Ostgiebel zerstört. Am anschaulichsten ist noch der Torso der Athena, von den Füßen bis zur Ägis (dem schlangengesäumten Umhang der Göttin) erhalten; die Göttin ist nach links stürmend dargestellt. Die Reste der Giebelfiguren kamen nach der Zerstörung von 373 v. Chr. zum großen Teil im nordöstlichen Bereich der alten Tempelterrasse nahe der großen polygonalen Hangstützmauer unter die Erde. Einige Platten des Geisons (Dachrand) dienten für die Aufzeichnung der Baurechnungsinschriften des klassischen Nachfolgebaues.

Das Schatzhaus der Siphnier Nahe der Südwestecke des Heiligtums, auf einem hohen Unterbau die Heiligtumsmauer überragend, stand das Schatzhaus der Siphnier, ein Juwel kykladischer, skulpturengeschmückter Marmorbaukunst (Abb. 5 rechts, 10, 11 und U2, Nr. 122). Die geschlossenen Außenwände strahlten weiß, der figürliche Schmuck und die Ornamente leuchteten in kräftigen Farben, bei denen ein tiefes Blau den Grund für die Polychromie (Vielfarbigkeit) der Figuren bildete.

Die außerordentlich ergebnisreichen Untersuchungen (Abbildung 10) vermitteln ein anschauliches Bild der Konzeption und ihrer Umsetzung im Zusammenspiel von einheimischen Kräften in Delphi und dem Import eines Glanzstückes der Kykladenarchitektur.

Die Fundamente zeigen einheimische Bautechnik. Die vor Ort beschafften Steine sind in den unteren Lagen nur grob mit Spitzhammer und Spitzeisen zugerichtet. Die Verlegung ging, wie gewöhnlich, von großformatigen Steinen zur Verstärkung der Ekken aus. Als Quaderwerk auf Sicht gearbeitete Teile des Fundamentes zeigen sie eine rustizierende Spitzung der Außenseiten und einen sauberen Fugenschluß. Die oberste Schicht wurde mit Schwalbenschwanzklammern aus Blei in einer Form, wie sie in Delphi für Holzklammern gebräuchlich war, zusammengehalten und für die Fortsetzung der Arbeit durch die Werkleute von den Kykladen sorgfältig abgeglichen.

10 Schatzhaus von Siphnos, Rekonstruktion

Diese lieferten ein Prunkstück ihrer Kunst an den Parnaß, eine hohe Leistung von Material- und Formbeherrschung. Zur Bearbeitung des harten Inselmarmors war das Zahneisen erfunden worden. Marmor verschiedener Qualität von drei Inseln wurde eingeplant. Der aus Siphnos stammt aus Lagerstätten nahe der Oberfläche und war leicht zu spalten, er diente für die gewöhnlichen Wandquader. Der dichtere Marmor von Naxos wurde für profilierte Bauglieder an Sockel und Gebälk verwendet. Der besonders homogene, im Bergbau gewonnene Marmor aus Paros erfüllte die höchsten technischen und künstlerischen Ansprüche. Wegen seiner Bruchfestigkeit wurde er für freitragende Gebälkstücke, Türsturz und langgestreckte Blöcke mit quer- oder längslaufender Binderfunktion eingesetzt. Wegen seines fehlerfreien kristallinen Gefüges war er der bevorzugte Marmor der Bildhauer.

Die Marmorlieferungen aus Siphnos erlaubten keine Standardgröße für die Mauerquader. Der Architekt sortierte das gelieferte Material nach verwertbarer Höhe, um die Schichten am

Bau von unten nach oben abnehmen zu lassen. Dies Verfahren erklärt auch die zweischalige Konstruktion der Cellawände mit größeren Quadern außen und dem kleinteiligeren, wohl einst hinter einer Holzvertäfelung verborgenen Steinverband an der Innenseite. Die zweite und die sechste Schicht sind zur Stabilisierung mit langen, in der Wandstärke durchgehenden Blöcken aus parischem Marmor gesichert, ebenso die längeren Blöcke in den Vorsprüngen der Anten. Der Bau zeigt improvisierte und unsystematische Züge, die man als archaisch charakterisieren kann. Ein altertümlicher Zug ist auch die Einhaltung der rechten Winkel und geraden Linien, es fehlen Verjüngungen der Wände und Kurvaturen der horizontalen Schichtungen.

Bei der Analyse griechischer Bauten stellt sich jeweils die Frage nach zugrundeliegenden Maßen und Proportionen. Eine Schwierigkeit ist, wo am Bau Maße zu finden sind, in denen Entwurfsverhältnisse erkannt werden dürfen. Wir wissen nicht, ob der Entwurf auf den Maßen des Sockels, der Wände oder des Gebälkes beruhte. Genaue Proportionen scheinen nirgends beachtet worden zu sein. Auch die Suche nach einem gemeinsamen Längenmaß hat sich als ergebnislos erwiesen. Im Plan scheint kein Grundmodul enthalten gewesen zu sein: «... *es war tatsächlich möglich, das Schatzhaus ohne ein ‹Fußmaß› zu bauen, indem man fallweise Meßlatten gebrauchte oder indem man Maße direkt übertrug* ...» (Daux/Hansen)

Die Entdeckung des Bauschmucks vom Schatzhaus der Siphnier eröffnete eine unbekannte künstlerische Welt voller naiv-raffinierter Erzählfreude. Die Themen sind: im Ostfries die Götterversammlung und der Zweikampf trojanischer Helden, mit der Seelenwägung als Schicksalsentscheidung. An der Nordseite geht der Besucher des Heiligtums am mitreißenden Kampf der Götter gegen die Giganten entlang (Abb. 11). Der Bildhauer dieser beiden Friese zeichnet sich aus durch großen Erfindungsreichtum von Gruppierungen und Bewegungsmotiven, durch die Tiefenwirkung von Staffelungen und Körpervolumen, durch die Freude an erstaunlichen Details, wie die winzigen, aber sorgfältigst ausgeführten Stützfiguren von der Armlehne des Zeusthrones in der Götterversammlung. West- und Südseite haben

11 Schatzhaus von Siphnos, Nordfries: Kampf der Götter und Giganten

inhaltlich und künstlerisch einen anderen Charakter. Es handelt sich um das Parisurteil, in dem der trojanische Königssohn Aphrodite als schönste der Göttinnen vor ihren Rivalinnen Hera und Athena auszeichnete, und heroisch-mythische Frauenraubszenen. Die Qualitäten dieses zweiten Meisters liegen weniger im Plastischen als im Linearen. Die Umriß- und Binnenlinien in der Darstellung der nervösen, edlen Pferde sind von hohem Reiz. Die ursprüngliche Wirkung der Menschenfiguren ist wegen der schlechten Erhaltung nicht mehr gut zu ermessen. Die Figuren der beiden Friese haben viel Freiraum, der Hintergrund ist entschieden weniger gefüllt als in dem Ost- und Nordfries. Unklar ist, ob die Verteilung der Arbeiten am Bau eine Bewertung der Ansichtsseiten und der Themen bedeutet: Die dramatischen, künstlerisch kühnen Darstellungen der Götterversammlung, des trojanischen Zweikampfes und des Gigantenkampfes rechnen mit dem Blick des Besuchers auf dem Weg zum Tempel. An den konventionelleren der beiden Bildhauer waren die Friese über dem Eingang und an der Südseite vergeben. Daß der Besucher zuerst die Rückseite und dann, sich umblickend, die Fassade zu sehen bekam, ergab sich aus der Rücksicht auf das Eingangsniveau im ansteigenden Gelände; der Südfries war dagegen nur ungünstig von unten über die Heiligtumsmauer wahrzunehmen.

Das Schatzhaus der Athener Das Schatzhaus der Athener wurde 1893/94 gefunden (Abb. 12–14 und U2, Nr. 223). Es wurde bis in byzantinische Zeit benutzt, ehe es ein Erdbeben mit dem Versturz der Tempelsäulen zertrümmerte. Die Reste blieben

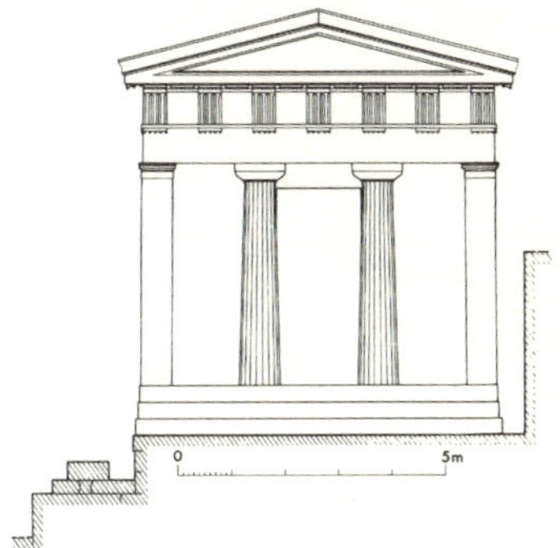

12 Rekonstruktion des Schatzhauses der Athener

zum großen Teil liegen, so daß der Bau unter Jean Replat 1903–1906 mit nur wenigen Ergänzungen wiedererrichtet und zu einem Wahrzeichen des Heiligtums werden konnte. Bei der genauen Positionierung der einzelnen Steine in der Rekonstruktion halfen der Entwurf des Fugensystems, Inschriften, die über die Fugen wegliefen, die Anschlüsse durch die Verklammerungen sowie die leicht differierenden Wandstärken an Nord-, West- und Südseite. Die Metopenreliefs (Abb. 13 und 14) sind als Abgüsse eingebaut, die kostbaren Originale sowie die Reste der Akroterfiguren werden im Museum aufbewahrt. Der Bau steht über der Biegung und platzartigen Erweiterung des unteren Denkmäler- und Schatzhäuserweges an dessen Anstieg zur heiligen Tenne. Von unten sah man ihn über einem vorgelagerten Stufenbau als Sockel für eine Statuenreihe, der nach der Beschriftung, *«die Athener dem Apoll als Stiftung aus der Beute von der Schlacht bei Marathon»*

Schatzhaus der Athener, Metopenreliefs:
13 (links) Herakles und die Kerynitische Hirschkuh,
14 (rechts) Athena und Theseus

und den geringen Resten der radierten Vorgängerinschrift (sicher gleichen Inhalts) für den Sieg über die Perser von 490 v. Chr. gestiftet wurde. Die Einlassungen für die ursprünglich zehn Bronzestatuen entsprechen den attischen Phylenheroen – zehn Halbgötter, für jeden Verwaltungsbezirk Athens einer – nach der Gebietsreform des Kleisthenes (508/07 v. Chr.). Deren Zahl wurde gegen Ende des 3. Jh.s v. Chr. um neu eingerichtete Phylen zu Ehren von hellenistischen Herrschern vermehrt – zeitweilig nur für Demetrios und Antigonos von Makedonien, auf Dauer hingegen für Attalos I. von Pergamon und Ptolemaios III. Euergetes von Alexandreia. Eine nachträgliche Verlängerung der Basis hängt mit diesen Neuerungen zusammen. Die Basis steht nicht im Verband zum benachbarten Fundament des Schatzhauses, sondern ist ‹angeschoben›. Die Gruppe der Phylenheroen bildet das Gegenstück zum Miltiadesmonument (S. 71 f.).

Dieses Schatzhaus gehört zu den frühen Bauten dorischen Stils und war nach Vorbildern der ionischen Kykladenarchitektur ganz in Marmor gehalten. Der Marmor stammt aus Paros, nicht aus den attischen Marmorbrüchen, obwohl deren intensivere Erschließung etwa in diese Epoche fällt. Durch die rund 150 Inschriften, mit denen der Bau seit dem 3. Jh. v. Chr. zu einem großen Teil bedeckt wurde, erfahren wir vieles über seine Geschichte. Umstritten bleiben leider Anlaß und Datierung seiner Errichtung. Pausanias führt den Athener Sieg über die Perser bei Marathon 490 v. Chr. an, doch wirken die Metopenreliefs altertümlicher. Die Lösung dieses Datierungsproblems liegt möglicherweise in einem Kompromiß: Genauere Analysen von Ornamenten des Baus legen den Schluß nahe, daß der Bau vor 490 begonnen und nach dem Sieg von Marathon vollendet worden sei. Die Metopenreliefs sind nach dem Stil ihrer Ausführung von etwa fünf bis sechs Meistern gearbeitet, eine Gruppe, in der sich traditionelle und fortschrittliche Kräfte zusammenfanden.

Die Inschriften umfassen außer den allgegenwärtigen Ehrendekreten drei bedeutende Themen: die Listen der Pythaisten, der Teilnehmer an den außerordentlichen Festgesandtschaften aus Anlaß besonderer Blitzzeichen, mit denen die Athener im 2. Jh. v. Chr. einen alten Brauch erneuerten, darüber hinaus die

Schiedssprüche zu Differenzen zwischen den verschiedenen Gruppen der Dionysischen Techniten, der in Griechenland konkurrierenden Schauspielervereine, und vor allem zwei Hymnen zu Ehren Apollons, mit den einzigen authentischen musikalischen Noten, die aus der Antike erhalten sind. Die jüngsten Inschriften auf dem Bau dokumentieren dessen profane Nutzung als Geldwechsler- und Pfandleihstelle und den neuen Christenglauben mit der Anrufung Gottes: *Kyrie bóethi* (Herr hilf).

Welche Aussagen können wir dem Bildprogramm der Darstellungen in den Friesen, Giebeln und Akroterfiguren entnehmen? In den Metopenfriesen werden Herakles und Theseus verglichen – dorischer und dabei auch gemeingriechischer Heros der eine, attischer Lokalheros der andere. Ihre Heldentaten bestehen aus der Befreiung der Menschen von Plagen, seien sie mythische Untiere oder mörderische Unholde. Bei Herakles überwiegen archetypische Motive wie heroische Jagd, die Erlegung der Kerynitischen Hirschkuh mit den ehernen Läufen, die Bezwingung der menschenfressenden Rosse des Diomedes oder die Tötung des dreileibigen Riesen Geryoneus mit der Entführung seiner Rinderherde. Die Theseusmythen bieten heroische Kämpfe mit quasi-aktuellem Charakter und mit Bezug auf Orte in und um Attika: die Abwehr der Amazoneninvasion und das Aufräumen unter den mörderischen Räubern mit ihren bizarren Tötungskünsten an der Straße von Athen nach Korinth (Prokrustes, Skiron und Pithyokamptes, letzterer scheint aber in der Auswahl des Programms zu fehlen). Dieser Unterschied zwischen den beiden mythischen Helden erscheint nicht eindeutig schroff, aber doch deutlich rational und politisch: Hier tritt Athen mit einem neuen Führungsanspruch in Griechenland hervor. Bei der Frage, ob der Anlaß der Sturz der Tyrannis und die Reformen des Kleisthenes 510–507 v. Chr. war oder der Sieg über die Perser 490 v. Chr., möchte man letzterem den Vorzug geben. Die Auswahl der zehn Heraklestaten entspricht nicht dem *Dodekathlos*, den zwölf Arbeiten, über die in der bildlichen Tradition – etwa bei den Metopen des Zeustempels in Olympia – und der schriftlichen Überlieferung auch keine genaue Übereinstimmung herrscht. Von einigen Metopen ist auch nur sehr wenig erhalten, wie z. B. die Pferdeläufe von der Bezwingung der Rosse des Diomedes. Einige Metopen sind dagegen so wenig beeinträchtigt, daß sie zu den wichtigsten Beispielen für die Anschauung antiker Bildhauerkunst zählen. Ihr Vergleich macht die künstlerische Spannweite der beteiligten Meister deutlich. Die Bezwingung der Kerynitischen Hirschkuh (Abb. 13) zeigt Bewegungen voll schwebender Grazie, verbunden mit einer Kalligraphie der Linien, seien es anatomische Details oder der in sorgfältig feinen Falten abgelegte Mantel, der über den Köcher im Hintergrund gehängt ist. Ganz anders ist die Metope mit dem Kampf des Herakles gegen Kyknos. Hier dominiert die Wucht der Bewegungen, das feste Auftreten des Helden zum entscheidenden Schlag gegen den hinstürzenden Unhold. Die künstlerisch am weitesten entwickelte Metope ist die mit Theseus (Abb. 14), der seiner Schutzgöttin Athena gegenübertritt. Man sieht keine Handlung (diese könnte durch nicht erhaltene Attribute angedeutet gewesen sein). Man hat dieses Gegenüber mit einem Begriff der abendländischen religiösen Kunst als *sacra conversazione* (heiliges Gespräch), als handlungsloses, aber spannungsvolles Gegenüber von höheren Wesen, bezeichnet. Damit ist eine Entwicklung in der griechischen Kunst angedeutet, in der, wie in den Metopen des Zeustempels von Olympia, das Vorher oder Nachher dramatischer Aktionen statt dieser selbst thematisiert wurde.

Bildprogramme: Die Sphinxsäule der Naxier, Apollon und Dionysos In welcher Weise wurden die Programme für den Schmuck von Denkmälern und Bauten in Delphi entwickelt? Welchen Einfluß hatten die Stifter, das Heiligtum oder die Erwartungen, mit denen man bei den Besuchern rechnen konnte? Hier lassen statuarische Denkmäler und der Skulpturenschmuck von Baudenkmälern Unterschiede erkennen, die charakteristisch für ihre Gattungen sind. Die statuarischen Denkmäler tendieren zu einer auf den Stifter und den konkreten Anlaß bezogenen Thematik, wogegen im Bauschmuck Themen von allgemeinerer und symbolischer Bedeutung Ausdruck fanden. Die Grenzen sind jedoch nicht streng, und es scheint, als ob man symbolische Themen mit nachträglich herangetragenen Deutungen konkretisiert habe. Als Beispiel hierfür darf man die zwanzig Jünglingsstatuen der Liparäer (S. 84) anführen.

Das Motiv der Jünglingsstatuen, der Kuroi, war der menschliche und göttliche Idealtypus des jugendlichen, athletischen Mannes. Die beiden kolossalen Kuroi mit der Darstellung von Kleobis und Biton, die von den Argivern um 580 v. Chr. gestiftet waren, verbinden eindrucksvoll den Geltungsanspruch der Stifter in Delphi mit ihrer lokalen Tradition. Herodot und die Basisinschrift berichten von der frommen Tat der beiden Jünglinge, die sich, als die Zugtiere ausblieben, vor den Prozessionswagen ihrer Mutter, der Herapriesterin von Argos, spannten und den langen Weg von der Stadt zum Heiligtum auf sich nahmen, wo sie auf das Gebet ihrer Mutter um göttlichen Lohn ein glückliches Ende fanden.

Die Sphinxsäule der Naxier (Umschlag, Abb. 15 und U2, Nr. 328), datiert um 560 v. Chr., stach durch ihre Höhe von über 12 m alle anderen Monumente aus. Sie hat über elf Jahrhunderte aufrecht gestanden. Sphingen – Mischwesen mit Löwenkörpern und Menschenköpfen – hüteten als unheimliche Wächterinnen Heiligtümer und Gräber. Monumentale Sphinxsäulen standen auch in Delos und im Aphaiaheiligtum auf Aigina. Doch vor allem Statuen von Göttern waren passende Weihgeschenke, sei es der kolossale Apollon, der zum Dank für die siegreiche Schlacht von Salamis errichtet wurde, oder der Sonnengott auf seinem Viergespann, dessen Darstellung die Rhodier als ihre Hauptgottheit auf einen hohen Pfeiler vor den Apollontempel stellten.

Deutlich auf das Heiligtum bezogen sind in ihrer Intention Bildthemen, die Apollon und Dionysos als dessen Herren darstellen, die im Laufe des Jahres einander abwechseln: Wenn Apollon im Winter zu den Hyperboreern ging, gehörte das Heiligtum dem Dionysos. Diese Dualität verbindet lichtvolle olympische Klarheit mit dunklen mythischen Urgründen. Apollon gibt dem Heiligtum seinen Namen. Der im Mythos von Titanen zerrissene und wiedererstandene Dionysos hat dagegen keinen eigenen Tempel, er ist Mitherrscher im Hintergrund; sein Kult manifestiert sich in seinem Grabmal im Tempel des Apollon, im Figurenprogramm des klassischen Tempelwestgiebels (S. 63 f.)

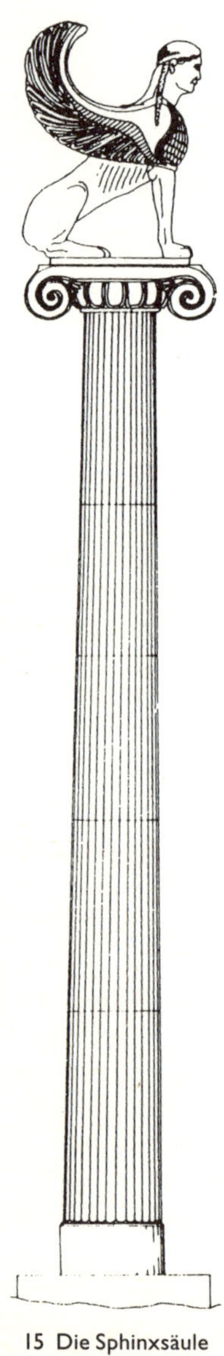

15 Die Sphinxsäule der Naxier

und in inschriftlich überlieferten Hymnen. In dieser Dualität steht Apollon aber nicht nur für die rein geistige Seite. Sein Erscheinen in Delphi ist ein Ereignis in einer Natur voller Licht und Leben, wie Alkaios in seinem (leider nicht im Wortlaut überlieferten) Apollonhymnos sang: *«Sommer war es, und just die Mitte des Sommers, wie Alkaios den Apollo von den Hyperboreern erscheinen läßt. So kommt es, daß in dem strahlenden Sommerglanz und beim Nahen des Gottes auch die Leier ein sommerlich Lied in üppiger Fülle ertönen läßt von dem Gott. Es singen die Nachtigallen ihm zu Ehren, wie eben die Vögel bei Alkaios zu singen pflegen – es singen die Schwalben und Zikaden, nicht, indem sie von ihrem Schicksal unter den Menschen Kunde geben, sondern von dem Gotte lassen alle ihr Lied erklingen.»* (Himerios, *Rede* 14,11, übers. M. Treu)

Dreimal begegnet Apollon im Schmuck von Giebeln, die nach Osten gerichtet waren: Am Schatzhaus der Siphnier erscheint er im Dreifußstreit mit Herakles, am archaischen Apollontempel war seine Epiphanie als Ankunft im Wagen dargestellt, am klassischen Tempel saß er als Orakelgott auf dem Dreifuß zwischen Mutter und Schwester, Leto und Artemis.

Die Tempelgiebel Um die Tempelgiebel herrschte lange Verwirrung. Die Unterscheidung zwischen dem archaischen und dem klassischen Tempel ist in der schriftlichen Überlieferung unklar. Die bei Pausanias genannten Bildhauer der Giebelfiguren Praxias, Schüler des Kalamis, und Androsthenes, Sohn des Eukadmos, gaben Datierungsrätsel auf. Nur zu Kalamis sind noch weitere Nachrichten erhalten, die seine Einordnung in die frühe Klassik erlauben. Man glaubte daher, diese Künstler seien nach langer Bauzeit noch im späten 5. Jh. v. Chr. mit Arbeiten für den Alkmeonidischen Tempel beschäftigt gewesen. Inzwischen wissen wir, daß Praxias und Androsthenes vielmehr mit Arbeiten um 340 v. Chr. am klassischen Tempel zu verbinden sind und daß die Nennung des rund einhundert Jahre älteren Kalamis entweder nicht hierher gehört oder sich auf einen gleichnamigen, uns sonst aber nicht weiter bekannten Künstler bezieht. Die Figuren der klassischen Tempelgiebel wurden lange für verloren gehalten (man vermutete ihren Abtransport im Zusammenhang eines Kunstraubs), bis es gelang, zuerst den Dionysos des Westgiebels, dann auch weitere Reste von Figuren zu identifizieren, die ein entsprechendes, reichlich überlebensgroßes Format, zudem dasselbe Material, einen vergleichbaren Stil und rückseitige Aushöhlungen als übereinstimmende technische Merkmale aufweisen.

Der Ostgiebel des archaischen Tempels zeigte Apollons Ankunft auf einem Viergespann (Abb. 9). Die frontale Darstellung des Gespanns ist eine Bildform der Zeit, mit der den Heroen und Göttern eine imponierende Erscheinung verliehen wurde. Der klassische Ostgiebel mit dem Gott auf dem Dreifuß im Kreis seiner Mutter Leto, seiner Schwester Artemis und der Parnaßnymphen wirkt verhaltener und erinnert in seiner Stimmung an Motive der sogenannten *sacra conversazione* (vgl. S. 60) von Renaissance-Altarbildern, mit ihrer merkwürdigen Stille in der Versammlung von Heiligen.

In der Thematik der Westgiebel des archaischen und klassischen Tempels lassen sich ganz unterschiedliche Geisteshaltungen erkennen. Der alte Westgiebel war voll von wilder Aktion, dem Kampf zwischen Göttern und Giganten – ein kosmisches Urgeschehen zwischen Gut und Böse im Ringen um den Sieg. Im klassischen Westgiebel erschien dagegen Dionysos mit seinem Gefolge gleichsam als Antwort auf die Darstellung Apollons im Ostgiebel. Die Komposition ist nicht dramatisch, doch auch nicht ohne Spannung. Die Figurenfragmente mit den

Rumpfbiegungen und erhobenen Armen lassen einen Gegensatz der inneren Ruhe des Gottes einerseits und andererseits der ekstatischen Unruhe in seinem Gefolge ahnen.

Die unverkennbare bildliche Angleichung dieses Dionysos an Apollon entsprang einer spekulativen Theologie, in der göttliche Gestalten und ihre Kräfte zu einer höheren Einheit zusammenfließen. Diese harmonisierende Lehre von Verbindungen göttlicher Individuen scheint auf Nietzsches Begriffspaar des Apollinischen und Dionysischen vorauszuweisen, doch handelt es sich bei Nietzsche im Gegensatz zur Antike eher um eine Antinomie als eine Harmonisierung. Die Verbindung von Apollon als Verkörperung von Klarheit und Erkenntnis und von Dionysos als dem Herrn des selbstvergessenen Rauschs wurde als göttliches Prinzip verstanden, in dem sich das Gegensätzliche in Harmonie vereinigt – dieser Gedanke fand Ausdruck in der Gleichsetzung beider Götter mit dem Sonnengott. Der Betrachter wird dabei nicht durch Repräsentation oder Aktion zum miterlebenden Betrachten aufgefordert, vielmehr wird ihm ein verehrungsvoller Blick in die höhere Welt der für sich seienden Götter gewährt.

Bei den anderen, noch erkennbaren Bildprogrammen an Bauwerken des Heiligtums ist nach den Motiven und Ideen der Stifter zu fragen. Die Metopenbilder der Vorgängerbauten des Sikyonierschatzhauses bieten eine Auslese von Sagenbildern, die unter sich in keinem engeren Zusammenhang zu stehen scheinen und die wohl auch von einem anderen Stifter hätten dargebracht sein können, man könnte dieses Ensemble als Bilderbuch bezeichnen. Dasselbe gilt auch für die Friese des Siphnierschatzhauses. Programm und Propaganda werden erst bei dem Athenerschatzhaus deutlich.

Ein reich ausgestaltetes Bildprogramm in anspruchsvoller künstlerischer Ausführung haben die beiden Serien der Metopen über Ringhalle und Cella der Tholos in der Marmaria geboten – außen einen Amazonen- und einen Kentaurenkampf, innen über der Cella Heraklestaten. Die virtuose Ausführung von Figuren, die in hohem Grade freiplastisch geschaffen und weitgehend vom Reliefgrund abgelöst waren, war ihrer Erhaltung ungünstig. Die Figuren abzuschlagen, um flache Platten als Baumaterial zu gewinnen, kostete wenig Mühe. Nur bei der Roßbändiger-Metope ließen sich in der Restaurierung Skulpturenreste wieder mit einer Reliefgrundplatte vereinigen. Der pentelische Marmor sowie Thema und Stil der Reliefs lassen an Werke in Athen denken. Sicher auszuschließen sind indes auch andere Zuweisungen nicht, denn die Themen der Amazonen- und Kentaurenkämpfe waren zu allgemein verbreitet, und auch der Stil hatte mehr als nur regionale Geltung.

6. Pausanias, der antike Baedeker

Pausanias wurde zwischen 111 und 115 n. Chr. in Kleinasien geboren und ist für uns der bedeutendste griechische Reiseschriftsteller. Er besuchte Syrien, Libyen, Ägypten, Italien, bereiste aber auch Kleinasien und Griechenland. Über Griechenland verfaßte er zwischen 160 und 180 auch sein berühmtes Werk *Periégesis tes Hellados*. Darin erläutert er die Sehenswürdigkeiten Delphis sowohl aus eigener Anschauung als auch auf der Grundlage seiner großen Belesenheit in anderen Quellen. Seine Beschreibungen sind bis heute von unschätzbarem Wert für unser Wissen um die griechische Antike, und dies gilt insbesondere für ihr archäologisches Erbe.

Ein Besuch der Denkmäler in Begleitung des Pausanias – erster Teil Um einen Überblick über Delphi zu gewinnen, wollen wir nun der *periégesis* (Beschreibung) des Pausanias (Buch 10, Kap. 9) folgen und eine Auswahl bemerkenswerter Monumente näher betrachten: Pausanias gelangte nicht über den Golf, sondern über die Berge an sein Ziel und beschrieb daher zunächst das Heiligtum der Athena Pronaia, um dann über das Gymnasion zum Hauptheiligtum zu gelangen. Er betrat es auf dem Weg über die römische Agora und durch den südöstlichen Eingang, um die Denkmäler entlang jenes Weges aufzuführen, den man als «Ruhmesstraße» (Pomtow) oder «Heilige Straße» bezeichnet hat. Beide Begriffe entsprechen nicht ganz dem antiken Verständnis. Heilige Straßen sind in der Antike Prozessionsstraßen zu Heiligtümern, keine Wegführung in einem Heiligtum selbst. Der Begriff der «Ruhmesstraße» stammt aus der Zeit der Kriegsruhmsucht des 19. und frühen 20. Jahrhunderts. Das Beutevotiv- und Kriegsdenkmälerwesen in Olympia und Delphi hat dagegen Jacob Burckhardt mit dem Urteil mißbilligt, die Heiligtümer seien zu «Museen des nationalen Hasses» geworden. Angesichts der sich gegenseitig übertrumpfenden Weihungen aus dem Kampf um die Vorherrschaft in Griechenland hat man von einem Denkmälerkrieg im delphischen Heiligtum gesprochen. Auch antike Stimmen wandten sich gegen diese Art von Heiligtumsausstattungen. Das oft wechselnde Kriegsglück und die Vergänglichkeit der Monumente, deren Schäden als Vorzeichen eines kommenden Umschwungs gedeutet wurden, ließen den Triumphprunk als eitel und nichtig erscheinen. Plutarch verglich sogar die Kriegs- mit Kurtisanenweihungen, die, da ohne vorangegangenes Blutvergießen erbracht, weniger anstößig seien.

Pausanias selbst reflektiert diese Probleme nicht, sondern referiert knapp Stifter, Thema der Darstellungen, Anlässe, die nicht selten aus der Geschichtsschreibung näher bekannt sind, und oft auch ausführende Künstler. Die Reihenfolge der behandelten Monumente ist insgesamt klar, doch gibt es Stellen in der Beschreibung, an denen der heutige Leser sich der Anordnung nicht sicher ist – sei es, daß Pausanias uns nicht mehr bekannte Anhaltspunkte voraussetzt oder daß er gelegentlich Monumente thematisch und nicht in der Reihenfolge seines Rundganges zusammenfaßt. Der Vergleich der meist sehr zerstreuten und lükkenhaften Inschriftenfunde mit dem Text bei Pausanias zeigt, daß er diese studiert und notiert hat. Mehrfach ist ein Vergleich auch mit den Angaben bei Herodot möglich, der im 5. Jh. v. Chr. Delphi besucht hat. Die Daten der beschriebenen Monumente lassen erkennen, daß nach den Siegesstiftungen von 480 v. Chr. am Tempelvorplatz der Weg zwischen Eingang und Siphnierschatzhaus im 5. und 4. Jh. v. Chr. von oben her mit Denkmälern gesäumt wurde. Da Pausanias von unten kommt, beginnt er seine Beschreibung mit jüngeren Monumenten, um dann zu den älteren zu gelangen. Die räumliche Abfolge im Heiligtum entsprach aber nicht genau der zeitlichen Ordnung, denn zum einen konzentrierten mächtige Stifter ihre Weihgaben an bestimmten Schwerpunkten, wie etwa die Stadt Argos, zum anderen war es immer möglich, ein Denkmal kleineren Formats in bereits bestehende Anlagen einzuschieben.

Die Mehrzahl der Weihungen, die wir nun kennenlernen werden, wurde aus dem Zehnten von Kriegsbeute finanziert, doch gab es auch Weihungen aus friedlichem Gewinn wie etwa aus dem Thunfischfang der Insel Korkyra und aus den Silber- und Goldbergwerken von Siphnos. Auf die Stifter und Anlässe der Siegesbeuteweihungen spielten die Darstellungen von Statuen und Statuengruppen an: Mythen, Götter- und Heroenbilder, Bilder der Stifter selbst, Kampfszenen, Tiere als Symbole, auch Gefangene und erbeutete Tiere. Mythische Kämpfe spielten eine Rolle als Gleichnisse für real gewonnene Kriege, mit Göttern und Heroen als Ahnen trumpfte man gegenüber dem überwundenen Gegner auf, siegreiche Heerführer ließen sich sogar im Bild von Göttern bekränzen. Zur Frage, ob solche Darstellungen menschliche Überheblichkeit oder Herabwürdigung von Göttern bedeuten, kann man philosophische, theologische, poetische und politische Überlegungen anstellen. Gegen die Vorstellung von vermenschlichten Göttern haben griechische Philosophen seit dem 6. Jh. v. Chr. Stellung bezogen. Als Allegorien wurden Götter – wie etwa Nike für den Sieg oder Poseidon für das Meer und dessen Beherrschung – schon in der Antike erklärt. Ein persönliches, poetisches Götterverständnis lassen Dichter wie Homer und Werke der bildenden Kunst erkennen, da sie die Götter an den Kämpfen der Menschen teilnehmen und ihren Schützlingen beistehen lassen. Eine Mischung von all diesem mag im Spiel gewesen sein, denn Mythos, Kult und Allegorie konnten einander durchdringen. Aus dem 5. Jh. v. Chr. kennen wir die merkwürdige Erscheinung, daß Begriffe wie gute Gesetzlichkeit (*Eunomía*) oder gutes Ansehen (*Eukleía*) als Kultpersonifikationen offiziell verehrt wurden.

Die Siegerstatuen von den pythischen Wettkämpfen spart Pausanias mit dem Hinweis auf seine ausführliche Behandlung des Themas seiner Beschreibungen in Olympia aus. Da wären nicht wenige einander entsprechende Denkmäler von Sportlern, die in beiden Heiligtümern Erfolge errangen, zu nennen gewesen. Pausanias macht aber zu Beginn eine bezeichnende Ausnahme mit dem Denkmal des Fünfkämpfers Phayllos aus Kroton in Süditalien, der nicht nur durch seine sportlichen Siege, sondern durch die Ausrüstung eines Schiffes Ruhm erlangte, mit dem er 480 v. Chr. am Seekrieg gegen die Perser im mutterländischen Hellas teilnahm. Damit paßt dieses Denkmal in das Programm der Beschreibungen, in denen die Siegesdenkmäler aus den Perser- und Karthagerkriegen einen besonderen Schwerpunkt bilden. Der Standort des Denkmals ist freilich ungewiß. In der Auswahl der von ihm beschriebenen Denkmäler verfuhr Pausanias recht selektiv. Man merkt ein antiquarisches und klassizistisches Interesse an den Höhepunkten der griechischen Geschichte, aber auch an entlegenen oder merkwürdigen geschichtlichen Details. Die hellenistische Zeit (323–31 v. Chr.) wird auffallend selten erwähnt, und es fehlen auch Monumente, die zwar zu seiner Zeit noch zu sehen, aber unvollständig waren wie die Siegesdreifüße, welche die sizilischen Tyrannen Gelon und Hieron I. anläßlich ihres Sieges bei Himera gegen die Karthager (480 v. Chr., U2, Nr. 518) stifteten.

Pausanias kam in Delphi zuerst zum Heiligtum der Athena Pronaia oder Pronoia; Pronaia ist hier zu verstehen als «die vor dem Heiligtum» (sc. des Apollon), Pronoia als «die Vorausschauende», «Vorsorgende» – beide Versionen sind in der Antike bezeugt. Die Beschreibung (10, 8, 6–8) ist knapp, denn Pausanias hatte wohl das Hauptheiligtum als Ziel vor Augen. Außerdem ist die Deutung seiner Angaben schwierig, da er nicht alle bedeutenden Bauten und kaum Merkmale für deren Identifizierung nennt. Er zählt – sicher vom Altarplatz ausgehend – vier Tempel auf. Den ersten beschreibt er als leere Ruine (Abb. hintere Umschlaginnenseite – im folgenden U3 –, Nr. 29). Es handelt sich um den archaischen Haupttempel, in dem man schon in der Antike Stützmauern zwischen einsturzgefährdeten

Säulen errichtet hatte und den 1905 (vgl. S. 11) nach der Aufdekkung ein schwerer Felssturz weiter zerstörte. Vom zweiten Bau gibt er nur an, daß er leer stehe. Der dritte Tempel diente dem römischen Kaiserkult. Es könnte sich hierbei um das Schatzhaus der Massalier oder um die Tholos handeln. Der vierte gehörte der Athena, in dem der Perieget außer der Kultstatue in der Cella eine Statue der Göttin als Stiftung der Massalier im Pronaos (der Tempelvorhalle) erwähnt. In dieser Aufzählung bleiben trotz ihres Ruhmes die Tholos (Abb. U3, Nr. 40, S. 92 f.) und das östliche der beiden Schatzhäuser ohne eine sichere Erwähnung.

Das Areal (ca. 150 auf 50 m) und der Baubestand stehen hinter dem Hauptheiligtum zurück; doch hätten das Schatzhaus der Massalier, die Tholos und der klassische Kalksteintempel (Abb. U3, Nr. 43, S. 91 f.) auch dort zu den hervorragenden Bauten gezählt. Wir erfahren aus Inschriften, daß die Amphiktionen auch für dieses Heiligtum sorgten. Die Überlieferung nennt Kroisos, die Massalier und Römer als Stifter, doch hat sich das Areal offenbar weit weniger dicht mit Weihgeschenken gefüllt als das Haupttheiligtum, so daß man sich sogar einen Hain in der Anlage vorstellen kann. Ein Weihgeschenk der Delpher erinnerte an die Errettung ihrer Stadt vor den Persern 480 v. Chr. (Diodor 11, 14, 3–4): Nach Herodot (8, 36–39) hatten die Heroen Phylakos und Autonoos sowie zwei weiße Jungfrauen, in denen die Delpher Athena und Artemis erkannten, durch ihre Erscheinung und durch einen Felssturz geholfen.

In der Beschreibung folgen das Gymnasion, die Kastalia und das Hauptheiligtum, das Pausanias durch den Südosteingang betrat. Gleich rechts stand der Stier von Korkyra (U2, Nr. 104) als Dank für den Gewinn aus dem Thunfischfang. Diese Symbolfigur für Macht und Stärke erklärten die Fremdenführer einst damit, daß ein Stier mit seinem Gebrüll auf die Fischschwärme aufmerksam gemacht hätte.

Etwas weiter rechts am Weg, einer großen Halle vorgelagert, befand sich die Statuengruppe, die der Bund der Arkader nach der Niederlage der Spartaner bei Leuktra 371 v. Chr. gestiftet hatte (U2, Nr. 105). Pausanias nennt die Tegeaten stellvertretend für den Bund. Dargestellt waren die Stammesheroen mit

Apollon und Nike, der Siegesgöttin. Die Inschriften des Sockels mit den Namen, wie bei Pausanias erwähnt, sind weitgehend erhalten.

Gegenüber (U2, Nr. 109) stand das Denkmal der Nauarchen (Admiräle), die 405 v. Chr. unter der Führung des spartanischen Königs Lysander die athenische Flotte bei Aigospotamos besiegt und damit den Peloponnesischen Krieg zwischen den Bündnisblöcken der Athener und der Spartaner zugunsten Spartas entschieden hatten. Es umfaßte 38 Statuen: Götter, 22 Befehlshaber sowie den Steuermann, Seher und Herold des Oberbefehlshabers. Der Meergott Poseidon bekränzte den Sieger. Die vielen Figuren bildeten für die Künstler gewiß eine Herausforderung, Variationen von Standmotiven zu entwickeln – denkbar ist auch ein Wettbewerb und die Ausführung durch die verschiedenen Künstler wie bei der Weihung der berühmten Amazonenstatuen in Ephesos. Zum Denkmal gehörten zudem zwei goldene Sterne als Symbole der Dioskuren, die als Schutzgötter der Seefahrer verehrt wurden. Diese Sterne verschwanden als eines der Vorzeichen vor der Schlacht von Leuktra 371 v. Chr., mit der die Thebaner die Vormachtstellung Spartas brachen.

Diese Weihung des Lysander sollte das benachbarte Monument des Marathonsiegers Miltiades (U2, Nr. 110) überbieten. Dieses zeigte Miltiades zusammen mit Apollon, Athena und attischen Heroen, die den 509/07 v. Chr. durch Kleisthenes neu organisierten Staat repräsentierten. Apollon war nicht nur Empfänger der Stiftung, sondern auch durch ein Orakel Garant der Staatsreform mit der Einrichtung der Volksherrschaft. Apolls Schwester Athena erschien als Schutzherrin der Stadt, die sie durch Miltiades' Sieg von 490 v. Chr. vor den Persern gerettet hatte. Die Heroen standen für die Tradition und die Ordnung des Staates nach Phylen (der Untergliederung eines Volksverbands), für die sie als Phylenheroen ihre Namen gaben. Die Überlieferung zu dem Monument bietet mehrere Probleme: a) Pausanias erwähnt den Bildhauer Phidias als Schöpfer der Statuen. Dessen Schaffenszeit erlaubt aber nur ein Datum erheblich nach 490 v. Chr., so daß das Monument dann von Miltiades' Sohn, von Kimon, nach dem Tod des Vaters 465 v. Chr.

gestiftet sein könnte. b) Außerdem überrascht die Aufzählung der Heroen in zwei Punkten: Im Unterschied zum Phylenmonument auf der Agora von Athen fehlten in Delphi drei der Phylenheroen, die durch andere Heroen mit genealogischem Bezug zu Miltiades ersetzt waren. c) Zudem wurde das Monument in Delphi erweitert, als man in Athen zu Ehren der Makedonenkönige Antigonos und Demetrios je eine neue Phyle einrichtete. Auch für Ptolemaios III. von Ägypten wurde aus diesem Grund das Monument mit einer Statue nachgerüstet (wohl 224/3 v. Chr.). Das Denkmal blieb dann auf diesem Stand. Die spätere Absetzung der Makedonenkönige als Phylenheroen und die Aufnahme des Nachrückers Attalos I. von Pergamon (211 v. Chr.) und Kaiser Hadrians wurden nicht mehr berücksichtigt.

Im Rundgang des Pausanias folgt das «Hölzerne Pferd» (*Dúreios Híppos*) der Argiver (U2, Nr. 111). Das Kunstwerk stellte die List des Odysseus dar, nach der sich ein Stoßtrupp griechischer Helden, in diesem «Danaergeschenk» (die homerischen Griechen führten ihre Abstammung auf Danaos zurück) versteckt, in das belagerte Troja bringen ließ, dessen Tore er dann den Kameraden öffnete und so die Einnahme der Stadt ermöglichte. Das Weihgeschenk war aus Bronze und dürfte um 5 m hoch gewesen sein. Pausanias nennt als Anlaß seiner Errichtung einen Sieg der Argiver über die Spartaner bei Thyreai und als Künstler Antiphanes, dessen Schaffenszeit zu dem Feldzug von 414 v. Chr. paßt, von dem Thukydides (6, 95) berichtet. Der Grund für die Wahl gerade dieses Sujets ist nicht sehr deutlich; man sah darin eine Anspielung auf die bedeutende Pferdezucht in Argos bzw. einen Bezug auf Agamemnon, Führer der Griechen im Kampf um Troja und König von Mykene, das im Gebiet von Argos lag.

Auch die folgenden Denkmälergruppen sind Stiftungen von Argos. Im Gelände erkennt man zwei halbrunde Anlagen, die einander gegenüberliegen, aber zu verschiedenen Zeiten und nicht nach einheitlichem Entwurf ausgeführt worden sind (U2, Nr. 112 und 113). Sie trugen umfangreiche Statuengruppen nach mythischen Themen: links die Sieben gegen Theben und die sogenannten Epigonen (d. h. Nachgeborenen), denen die Eroberung Thebens gelang, an der die Sieben – ihre Väter – gescheitert waren. Einer der Sieben, Amphiaraos, war auf einem Viergespann mit seinem Wagenlenker und einem weiteren Begleiter dargestellt, so daß dieser Themenkreis insgesamt 16 Statuen umfaßte. Rechts standen die mythischen Könige von Argos, deren Abstammung auf Danaos und Herakles zurückgeführt wurde.

Mit der Genealogie der argivischen Könige und ihrer Abstammung von Herakles wird ein mythisch begründeter Vorrang von Argos gegenüber Sparta beansprucht. Anlaß war der Sieg der Argiver als Bundesgenossen der Thebaner unter Epameinondas 371 v. Chr. bei Leuktra über die Spartaner. Als Zeugnis für die neuen Machtverhältnisse auf der Peloponnes erwähnt Pausanias die Gründung von Messene. Das Monument zeigte eine bemerkenswerte Anordnung der Figuren, die auf den Betrachter Rücksicht zu nehmen scheint: Die Statuen standen in dem Teil des Halbrundes, der für den ansteigenden Besucher zuerst sichtbar war, enger beieinander und liefen dann sozusagen in einem *ritardando* aus.

Es folgt das untere Weihgeschenk der Tarentiner (U2, Nr. 114). Pausanias nennt als Anlaß seiner Errichtung den Sieg über die Messapier, die Nachbarn der Tarentiner, und beschreibt die Statuen von vier Pferden, die von Frauen geführt wurden. Der Name des Künstlers und der Standort erlauben eine Datierung in das erste Viertel des 5. Jh.s v. Chr. Eine Erklärung aus dem frühen 20. Jh. lautet: «*Der Sinn ... ist sehr einfach. Die Sieger stellen zur Schau, was sie als Beute von den wilden Messapiern erlangt hatten, bei denen es keine Kunst und keine Kostbarkeiten gab: Rosse und Weiber. Das bringt einmal eine erfrischende Note in die ewige Heldenwirtschaft der politischen Anatheme* (Weihgeschenke) *und ist so recht im Sinne der immer materiell gesinnten, üppigen Großgriechen.*» Gegen solche Offizierscasino-Schnoddrigkeit steht die Erinnerung dichterischer Gestalten von Beutefrauen wie Chryseis oder Briseis bei Homer oder Kassandra, Polyxena und Tekmessa bei den Tragikern mit ihrer hohen menschlichen Würde.

Zum nächsten Monument, dem Schatzhaus von Sikyon (U2, Nr. 121), hat Pausanias nur ein Oxymoron (Redefigur, die mit einem Widersinn spielt) als allgemeine Auskunft: «*Schätze sieht man aber weder hier noch in den anderen Schatzhäusern.*» Plutarch (*Qu. symp.* V 2, p. 675B) erwähnt, daß man dort das «goldene Buch» der Aristomache aus Erythrai, einer Siegerin im epischen Wettbewerb anläßlich der Isthmischen Spiele, aufbewahrte. Nach dem Standort und den Bauformen dürfte es sich um einen Bau aus der Zeit um 500 v. Chr. handeln, dessen Fundamente von größtem Interesse für die archaische Bau- und Kunstgeschichte sind, denn in ihnen sind zahlreiche, sorgfältig versetzte Bestandteile zweier niedergelegter Bauten erhalten (S. 37).

Es folgte eine Statuengruppe, die von den Knidiern gestiftet worden war. Zusammen mit der Lesche und einem Schatzhaus (S. 73 ff., 76 f. und 77) handelte es sich um eines der drei großen Weihgeschenke dieser Insel. Es zeigte Triopas, den Heros Ktístes (Stammesgründer) mit einem Pferd, zudem Apollon und Artemis, die den Riesen Tityos mit Pfeilen niederstrecken, um ihre Mutter Leto vor ihm zu schützen. Hier wird offenbar auf einen Sieg als Bestrafung für einen Frevel angespielt, doch ist der konkrete Anlaß der Errichtung unbekannt. Man hat an den anfangs (498/7 v. Chr.) erfolgreichen ionischen Aufstand, aber auch an die Schlacht von Mykale 479 v. Chr. und an spätere Kämpfe gegen die Perser gedacht.

Ein Abstecher zur Lesche der Knidier Wir wollen an dieser Stelle nicht dem Weg des Pausanias, sondern dem Ruhm der Stiftungen von Knidos folgen. Abseits der Hauptwegführung stand in beherrschender Lage ganz oben an der Heiligtumsmauer die Lesche der Knidier, die, um 475–460 v. Chr. errichtet, vielleicht das künstlerisch am meisten geschätzte Monument in Delphi war.

Zum Ansehen des delphischen Heiligtums trug nicht zuletzt der künstlerische Rang seiner Ausstattung bei. Gelegentlich künden literarische Spuren davon, etwa der Chor der Athenerinnen im *Ion* des Euripides. In Epicharms Komödie *Die Pilger* (*Thearoí*, bei Athenaios 8, 362 B) gilt deren Aufmerksamkeit folgenden Weihgeschenken: Kesseln, Mischkesseln, Bratspießen und figurenverzierten Feuerböcken. Künstlerisch verbreitet wurden auch religiös-symbolische Motive wie der Dreifuß, der Omphalos und die Darstellung Apollons als Herr des Heiligtums.

Insbesondere zwei Werke fanden ein bedeutendes kunstschriftstellerisches Echo, und zwar die Bilder Polygnots in der Lesche der Knidier und in der Marmaria die Tholos des Architekten Theodoros von Phokaia. Die Bilder des Polygnot wurden von antiken Kunstschriftstellern und in Ortsbeschreibungen ausführlich gewürdigt, wogegen über die Tholos ihr Architekt selbst eine Schrift verfaßte, die zwar nicht erhalten ist, von der wir aber durch Plinius Nachricht haben.

Lesche wird in unserem Zusammenhang gewöhnlich mit «Halle» übersetzt, doch bezeichnet das Wort keine Bauform, sondern die Bestimmung eines Baues: Die antiken Lexikographen leiteten diese von *légo* (sagen, reden) ab und erklärten sie als Orte, wo man sich zum Verweilen zusammenfand, so daß eine Erklärung als Vereins- oder Banketthaus naheliegt. Der Bau selbst (U2, Nr. 605) war wohl ein schlichter, geschlossener Kasten mit einem durch zwei Reihen von Holzpfeilern gestützten Dach; Tageslicht, das durch Fenster fiel, sorgte für die Beleuchtung.

Pausanias (10, 25–31) beschreibt vor allem den Inhalt, weniger die künstlerische Form der Bilder. Immerhin hat Goethe aus der Beschreibung die nicht perspektivische Anordnung der Figuren in mehreren Ebenen übereinander erschlossen. Intuitiv verglich er die Beschreibungen der Bilder mit der italienischen Quattrocento-Malerei. Polygnot hat die Künstler seiner Zeit so beeindruckt, daß Vasenmaler sich bemühten, seine künstlerische Art in ihre Kunst zu übersetzen. Im 19. Jh. haben dann Archäologen auf dem umgekehrten Weg versucht, aus dem Stil von Vasenbildern und der Beschreibung des Pausanias die Bilder der Lesche zu rekonstruieren. Pausanias erwähnt unter den Inschriften zu den Bildern eine Signatur mit dem Bildtitel in Versen, die man Simonides, einem der berühmtesten Dichter der Zeit zuschrieb (*«Es malte Polygnot der Thasier, Aglaophons Sohn, der Burg von Ilios Zerstörung»*). Auch von Namensbeischriften spricht Pausanias; damit werden Personen – etwa auch auf Vasenbildern – namentlich kenntlich gemacht, doch sind solche Beischriften eigentlich ein Element, das den Betrachter gegenüber Illusion und Atmosphäre eines Bildes auf Distanz hält; wir kennen es auch aus unserer mittelalterlichen Kunst. Die neuere Kunst hat solche erklärenden Beschriftungen wegen der störenden Wirkung auf die visuelle Wirkung abgeschafft. Die Zerstörung von Ilios (Troja) hatte Polygnot auf bemerkenswerte Weise in seinen Bildern dargestellt: Wie bei einigen der Metopen des Zeustempels von Olympia war darin nicht das Geschehen selbst, sondern die schicksalsschwangere Stimmung zuvor oder die Nachwirkung des dramatischen Höhepunktes zum Motiv erhoben. So hat der Künstler den Abbruch von Zelten, Gefangene, Verwundete und Tote, die Schleifung der Stadtmauer, das «Hölzerne Pferd» und beispielsweise Helena, der ihre Dienerin Elektra die Sandalen anlegt, gemalt.

Das andere große Gemälde stellte die *Nekyia* dar – die Fahrt des Odysseus ins Totenreich und seine Befragung des Sehers Teiresias, um Auskunft über die Heimkehr zu erlangen. Das Bild zeigte Odysseus und seinen Helfer Elpenor, die über einer Grube knien, an der die schwarzen Widder für die Toten geopfert werden. Die Gestalten der Unterwelt, die darauf zu sehen waren, waren nicht zuletzt Helden der Trojasage, aber auch Frevler, die ihre Strafen verbüßten – so etwa Sisyphos und die Danaïden. Von den gemalten Motiven hebt Pausanias die Darstellung des Flusses Acheron mit dem Nachen des Charon, der die Toten in die Unterwelt übersetzt, hervor: Am Fluß stand Schilf, durch das Wasser erschienen schattengleich Fische.

Ein Besuch der Denkmäler in Begleitung des Pausanias – zweiter Teil Folgen wir nach diesem Abstecher wieder dem Rundgang des Pausanias, der uns als nächstes zum Schatzhaus der Siphnier führt (S. 53 ff., Abb. 10. 11 und U2, Nr. 122), die – wie bereits erwähnt – dem Heiligtum den Zehnten aus den Erträgen ihrer Gold- und Silberbergwerke weihten. Herodot schreibt darüber (3, 57): «*Sie waren so reich, daß sie von dem Zehnten, der von dort einging, ein so kostbares Schatzhaus in Delphi errichteten, wie es sich nur sehr reiche Leute leisten können*». Auf die Frage an das Orakel, ob das Glück ihnen erhalten bliebe, gab ihnen die Pythia die Antwort:

Wird in Siphnos dereinst das Rathaus von leuchtender Farbe,
Leuchtend weiß auch der Markt, dann tut ein verständiger Mann not,
Um vor der hölzernen Schar und dem rötlichen Herold zu schützen.

Das leuchtende Weiß spielt auf die Marmorbauten an, die sich die Siphnier auch zuhause errichteten. Die hölzerne Schar und der rötliche Herold meinten die mennigeroten Schiffe, von denen aus 524 v. Chr. die durch Polykrates – den Tyrannen von Samos – vertriebenen Samier Siphnos überfallen und ausgeplündert haben. Dieses Datum ist einer der wichtigsten chronologischen Fixpunkte für die archaische Kunst in Griechenland. Pausanias gibt jedoch eine abweichende Erklärung. Er beschreibt das Unglück der Siphnier als Überflutung der Minen und als göttliche Strafe, da sie den Delphi gelobten Zehnten schuldig geblieben seien.

Es folgt eine der beiden großen Weihungen der Bewohner von Lipari (U2, Nr. 123). Pausanias erwähnt einen Seesieg als Anlaß der Errichtung, jedoch ohne einen Hinweis auf ein Datum oder das künstlerische Motiv des Weihgeschenks. Wir können nur annehmen, daß es sich um einen der Kämpfe mit den Etruskern gehandelt hat. Die bauliche Situation des Heiligtums legt hier ein Datum um 500 v. Chr. nahe.

Pausanias' Aufzählung der Monumente über der Südmauer des Heiligtums schließt im Westen mit dem großartig schlichten Schatzhaus der Thebaner (Abb. 22 und U2, Nr. 124, S. 90). Es war nach dem Sieg des Epameinondas über die Spartaner 371 v. Chr. bei Leuktra einer der letzten Schatzhausbauten im Heiligtum.

Im weiteren Rundgang unseres Führers können wir erst wieder die Lage des Schatzhauses der Athener bestimmen (Abb. 12–14 und U2, Nr. 223, S. 56 ff.). Von den davor aufgezählten drei Schatzhäusern wußte Pausanias nur wenig zu berichten. Das von Syrakus war ein Weihgeschenk nach dem Sieg der Stadt über das Expeditionskorps der Athener 415/414 v. Chr., das in Sizilien scheiterte. Zu dem von Knidos bekennt der Perieget: *«Ich weiß nicht, ob die Knidier es für einen Sieg oder zur Repräsenta-*

tion ihres Wohlstandes gebaut haben.» Nach den Bauformen handelt es sich um inselionische Marmorarchitektur aus der Zeit vor der Mitte des 6. Jh.s v. Chr. Zu dem Schatzhaus von Potidaia, auf der Chalkidike im Norden Griechenlands gelegen, gibt der Perieget als Grund für die Stiftung Frömmigkeit gegenüber dem Gott an, was aber kaum bedeutet, daß die Potidaier frömmer als andere Stifter waren. Was die Position der Standorte dieser Schatzhäuser betrifft, so kommen dafür die Fundamentreste mit den Plan-Nummern 219, 209 und 203 in Frage. Das Athenerschatzhaus war nach Pausanias Ausdruck des Dankes für die Abwehr der bei Marathon 490 v. Chr. gelandeten Perser.

In der Beschreibung des Pausanias fehlen das Rathaus (*Buleutérion*, U2, Nr. 221), nach Plutarch (*Pyth. or.* 9) bei dem Felsen der Sibylle gelegen (S. 11), und die *Hálos* (Dreschplatz, Tenne). Plutarch (*Def. orac.* 15) und verschiedene Inschriften bezeugen, daß hier der Sammelplatz war, von dem aus sich der Festzug bei den Pythien in Bewegung setzte. Der Name des Platzes weist auf alte Kulte, in denen die Erde verehrt und die Fruchtbarkeit beschworen wurde.

Es folgt die *Stoá* (Halle) der Athener (Abb. 16 und U2, Nr. 313). Sie hatten hier Beuteschilde und Schiffsschmuck-Trophäen von den Seesiegen ausgestellt, die sie im Peloponnesischen Krieg (431–404 v. Chr.) gegen die Spartaner und deren

16 Die Halle der Athener an der Tempelterrasse

Verbündete in Westgriechenland 429 v. Chr. errungen hatten. Pausanias zählt sie nach dem Epigramm auf. Doch war dies offenbar nicht der ursprüngliche Anlaß der Errichtung, da die Bauformen und die große Weihinschrift auf der obersten Stufe etliche Jahrzehnte früher zu datieren sind. Hier sind *hópla* und *akrotéria* von Feinden genannt. Leider sind die Feinde nicht näher bezeichnet. Die *akrotéria* (wörtlich etwa: Endstück, oberer Aufsatz, etwa als Schmuck von Giebeln, aber auch von Schiffen) sind leicht zu verstehen. Als *hópla* (gewöhnlich: Waffen, im weiteren Sinne: Geräte) konnten aber auch Schiffstaue bezeichnet werden. Amandry fand als Deutung die Weihung der Schiffsbrückentaue von Sestos, wo Xerxes 480 v. Chr. seine Truppen über den Hellespont geführt hatte. Herodot (4, 143) bezeugt, daß nach den griechischen Siegen von 479 und 478 v. Chr. diese Taue als Trophäen in die großen griechischen Heiligtümer verteilt wurden. An der Rückwand sind die «Schatten» von Pfosten zu erkennen, mit denen diese Taue gehaltert waren, denn zwischen den Pfosten findet man ältere Sklavenfreilassungsinschriften (s. u., S. 96), und erst seit der Mitte des 1. Jh.s v. Chr. füllten sich auch die Wandstreifen mit Inschriften, vor denen bis dahin die Pfosten gestanden hatten.

Die sechs in der Beschreibung folgenden Weihungen sind nur in der schriftlichen Überlieferung, nicht im Gelände nachgewiesen. Sie wären im Bereich vor der Athenerhalle östlich der *Hálos* zu suchen. Einen bronzenen Bisonkopf stiftete König Dropion von Paionien (zwischen Makedonien und Thrakien gelegen) als Symbol von Macht und Stärke (wohl um 275 v. Chr. zu datieren), zu dem es eine Parallelweihung in Olympia gab und zu dem der Perieget einen ausführlichen Exkurs über die Bisonjagd bietet. Es folgt die Statue des Andreus, des Stammesheros der Andrier, möglicherweise als Zeugnis der wiedergewonnenen Unabhängigkeit von Athen nach 414 v. Chr. Eines der phokischen Monumente bezieht sich auf die Konflikte mit den benachbarten Thessalern, wohl auf einen Sieg des Philomelos von 355 v. Chr. Die Phoker errichteten hier die Statuen von Apollon, Artemis und Athena. An die Wende dieses Kriegsglücks erinnerte das Weihgeschenk von Pharsalos, dem Hauptort der Thessaler, die für das Ende des Dritten Heiligen Krieges 346 v. Chr. die Statuen ihrer mythischen Stammeshelden Achilleus (zu Pferd) und seines Freundes Patroklos (zu Fuß) aufstellten. Die von der makedonischen Stadt Dion geweihte Statue des Apollon mit einem Hirsch als Attribut ist nicht näher bestimmt. Wenig Sicheres ist auch über die Gruppe mit dem ägyptischen Gott Ammon auf einem Viergespann bekannt, die von Kyrene gestiftet wurde. Ein Zusammenhang mit dem Zug Alexanders des Großen zu dessen Orakelheiligtum ist denkbar.

Das Schatzhaus von Korinth gehörte zu den ältesten Bauten seiner Art und ist sicher lokalisiert (U2, Nr. 308). Pausanias erwähnt alte Stiftungen aus Lydien, die dort verwahrt wurden; nähere Angaben zu diesen und anderen finden wir bei Herodot (1,14 und 50). Die Bezeichnung als Schatzhaus der Korinther verschleiert, daß es sich ursprünglich um eine Stiftung des korinthischen Tyrannen Kypselos (7. Jh. v. Chr.) handelte, die nach dem Sturz seiner Nachfolger auf die Bürgerschaft der Stadt umgeschrieben wurde (vgl. Plutarch, *Pyth. or.* 13 und *Sept. sap. conv.* 21). Das Schatzhaus diente offenbar zur Auslagerung von Schätzen nach dem Tempelbrand von 548/7 v. Chr. Herodot berichtete vom Thron des Midas, von Silber und Gold und goldenen Mischgefäßen von 30 Talenten (Traglasten von je ca. 30 kg) Gewicht, die Gygadas (Gyges) um 680 v. Chr. gestiftet hatte, vom goldenen Löwen, von Gold- und Silbergefäßen des Kroisos und schließlich vom *Thymiatérion* (Räucherständer) des Königs Euelthon von Salamis auf Zypern (um 550–530 v. Chr.). Die Edelmetallgeräte waren in den Krisen des 4. Jhs. v. Chr. untergegangen, nur die bronzene Palme des Kypselos hat Pausanias noch gesehen. Auch das nicht lokalisierte Schatzhaus von Klazomenai, das zu den frühen ionischen Marmorbauten gehört haben wird, diente zur Auslagerung von Weihgaben des Kroisos. Hier sah Herodot den goldenen Krater des Kroisos von ca. 250 kg Gewicht, der ursprünglich mit dem riesigen, 600 Amphoren fassenden, silbernen Krater, den Theodoros von Samor gefertigt hatte, in der Tempelvorhalle stand.

Ein spektakulärer Fund kurz vor dem Zweiten Weltkrieg gibt eine Ahnung von dem kostbaren Prunk. Es handelt sich um eine

17 Götterfigur mit Elfenbeingesicht und Diadem aus vergoldeten Silber. Ostgriechisch, Mitte 6. Jh. v. Chr.

reguläre Bestattung von beschädigten Weihgaben in zwei Gruben, die im Gebiet der Tenne, vor der Halle der Athener, um 400 v. Chr. vorgenommen wurde. Sie umfaßte drei chryselephantine (in Goldelfenbeintechnik gearbeitete), gut lebensgroße Götterstatuen (Abb. 17), die mächtige Statue eines Stiers aus Silber mit Teilvergoldung in Spyrelatontechnik (gehämmertes Blech über Holzkern), Statuetten aus Elfenbein und Bronze, Elfenbeinkästchenreliefs, Terrakottamasken sowie Lanzen- und Pfeilspitzen und andere Geräte und Verzierungen, aber auch Eisennägel. Das Alter dieser Gegenstände reicht vom 8. bis zum 5. Jh. v. Chr.

Die kolossale Sphinxsäule der Naxier (Abb. 15 und U2, Nr. 328) würde hier etwa in die Beschreibung des Pausanias passen – wir wissen nicht, warum er sie nicht erwähnt hat. Die Inschrift mit den Privilegien der Naxier bei den Befragungen des Orakels bietet noch jetzt einen deutlichen Hinweis auf die Stifter, aber vielleicht waren dem Periegeten die Nachrichten nicht konkret und interessant genug (S. 38, 61). Es folgt ein Weihgeschenk der Phoker, die häufiger mit ihren Nachbarn im Norden, den Thessalern, im Krieg lagen. Es stellte Apollon als Schutzherrn, den Seher Tellias aus Elis und zwei einheimische Anführer und Stammesheroen der Phoker dar. Das Ereignis war berühmt wegen der sprichwörtlichen *apónoia phokiké* (phokischer Mut der Verzweiflung), mit der die an Zahl weit unterlegenen Phoker das thessalische Reiterheer zurückschlugen. Die Sieger weihten je 2000 erbeutete Schilde in ihre Heiligtümer von Abai und Delphi. Herodot (1, 27) setzt dieses Ereignis nicht lange vor der Invasion des Perserkönigs Xerxes (480 v. Chr.) an. Nach dem Zusammenhang der Beschreibung gehörte das Monument zum Tempelvorplatz, ebenso wie eine weitere Weihung der Phoker mit dem Kampf um den Orakeldreifuß, den Pausanias beschreibt: «*Herakles und Apollon halten den Dreifuß gepackt und kämpfen um ihn gegeneinander. Leto und Artemis halten Apollons, Athena Herakles' Zorn zurück. Auch dieses Weihgeschenk ist von den Phokern, als Tellias sie im Kampf gegen die Thessaler angeführt hatte.*» Hier sind also aus demselben Anlaß zwei Monumente aufgestellt worden, von denen das letztere sowohl von Herodot als auch von Pausanias genannt werden, das erstere dagegen von Herodot nicht erwähnt wird – möglicherweise wurde es erst nach seiner Lebenszeit errichtet.

Das Weihgeschenk, das wegen des Anlasses seiner Errichtung und seiner Form vielleicht am meisten geschätzt wurde, ist die Schlangensäule mit dem goldenen Dreifuß, die vom Sieg der Griechen über die Perser bei Platää kündet (479 v. Chr., Abb. 18 und U2 Nr. 407). Der Perieget schrieb: «*Gemeinsam stifteten die Griechen von ihrem Sieg in Platää einen goldenen Dreifuß auf einer Schlange aus Bronze. Was von diesem Votiv in Bronze gearbeitet war, hat sich zu meiner Zeit erhalten, doch haben die Führer der Phoker das Gold nicht ebenso übrig gelassen.*» Weitere Informationen bieten Herodot (9, 81), der als Weihungen aus demselben Anlaß eine zehn Ellen hohe Zeusstatue in Olympia und eine sieben Ellen hohe Poseidon-

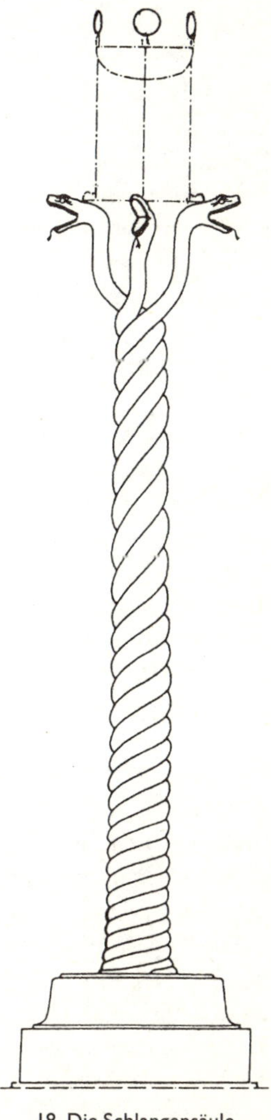

18 Die Schlangensäule mit dem goldenen Dreifuß, Stiftung der griechischen Verbündeten nach dem Sieg über die Perser bei Platää 479 v. Chr.

statue in Isthmia anführt. Nach Thukydides (1, 132) wurde ein persönlich-überhebliches Stifterepigramm des Spartanerkönigs Pausanias durch eine offizielle Weihinschrift im Namen aller Verbündeten ersetzt. Das Monument war annähernd 9 m hoch. Die antiken Beschreibungen sind ungenau, indem sie nur von einer, nicht von drei ineinander gewundenen Schlangen sprechen. Das Monument hat Kaiser Konstantin als Inbegriff des Griechentums in seine neue Hauptstadt, Konstantinopel, gebracht und dort im Hippodrom aufgestellt, wo es noch heute zu besichtigen ist, wenn auch die oberen Teile verloren sind.

Die bei dem Periegeten Pausanias nun folgenden Monumente standen in der Nähe der Schlangensäule, doch kann ihr Standort im Gelände nicht mehr bestimmt werden: Das figurenreiche zweite Votiv der Tarentiner hielt ebenfalls den Triumph über ein Nachbarvolk, die Peuketier, fest. Es zeigte, wie König Opis, der den Peuketiern zu Hilfe gekommen war, im Kampf zwischen Reitern und Fußsoldaten fällt. Auch diese Szene ist mit Stammesgründungsheroen verbunden – nämlich mit dem namengebenden Taras und Phalantos als Delphinreiter, wie er auf den Münzen der Stadt abgebildet wurde.

Die Weihung eines gewissen Periklytos aus Tenedos in Form einer Doppelaxt stellt das Wahrzeichen der Stadt dar; darum rankte sich eine Legende und das Sprichwort: *«mit der Axt von Tenedos abschlagen»*. Tennes (auch er ein namengebender Heros) sei von seinem Vater verstoßen worden, der ihm bei dem Versuch einer reuigen Rückkehr die Halteseile des Schiffes mit einer Doppelaxt gekappt habe.

Die Erwähnung der Apollonstatue für den Sieg bei Salamis ergänzt Herodot (8, 121) mit der Angabe ihrer Höhe von 12 Ellen. Die Statuen hellenistischer Herrscher fehlen in der Beschreibung des Pausanias; für den Tempelvorplatz sind aber entsprechende Standbilder von Alexander, Attalos I. und Eumenes II. von Pergamon noch anderweitig bezeugt, ebenso der riesige Pfeiler (U2, Nr. 406) mit dem Hauptgott der Rhodier – dem Sonnengott Helios auf seinem Viergespann. Auch den großen Altar, der von Chios gestiftet wurde, vermissen wir in der Beschreibung (U2, Nr. 407). Diese Stiftung erwähnt Herodot (2,

135). Nach den Originalen und Ersatzstücken der großen Volutenwangen ist der Altar wohl nicht viel später als der spätarchaische (alkmeonidische) Tempelneubau errichtet (um 500 v. Chr.), später aber zweimal weitgehend restauriert worden.

Vor der Tempelbeschreibung kommt Pausanias noch auf eine Kurtisanen- und eine Rednerweihung zu sprechen – die vergoldeten Statuen der Phryne aus Thespiai und jener des Gorgias von Leontinoi, die hoch auf Säulen standen. Im Vergleich zu den Kriegstrophäen wurden die Weihung der Phryne und die einer drei Jahrhunderte älteren Berufsgenossin, nämlich der Rhodope von Naukratis, milde beurteilt. Tadel fand indes die Statue des Gorgias, die als exzessive Selbstdarstellung verurteilt wurde (Dio Chrysostomus, *or.* 37, 28).

Vor dem Besuch im Tempel hat Pausanias die sagenhaften Vorgängerbauten des Tempels (10, 5, 9, S. 23 ff.), die Perser- und Galaterschildweihungen am Gebälk und die Giebelfiguren beschrieben (10, 19, 4, S. 63 f.). Die Ausstattung des Tempels umfaßte außer Weihungen und Erinnerungsstücken auch Statuen und Kultmale von Gottheiten, die sozusagen ‹in Wohngemeinschaft› mit Apollon dort ihren Platz hatten. Darunter befanden sich alte, rätselhafte Kulte, die dem jüngeren Apollonkult später untergeordnet worden waren. Pausanias berichtet von den Statuen zweier Moiren (Schicksalsgöttinnen), von Zeus und Apollon mit den Beinamen *Moiragetes* (Anführer der Moiren), der eigentlichen goldenen Kultstatue des Apollon und dem Grab des Dionysos, der – wie schon erwähnt – jedes Jahr drei Monate im Winter an Stelle Apollons Herr des Heiligtums war. An Weihungen und Erinnerungsstücken nennt der Perieget die Sprüche der Sieben Weisen (S. 41), eine Statue Homers, das Weihwasserbecken des Kroisos und die Knabenstatue der Lakedaimonier (vgl. Herodot 1, 51).

Nach dem Besuch im Tempel verweilt der Perieget noch auf dem Vorplatz und wendet sich an seiner Nordseite nach Westen. Nach Weihungen wohl des 5. Jh.s v. Chr. von Epidauros, Megara, Platää und Herakleia am Pontos kommt er auf die kolossale Statue des Apollon Sitalkas (Beschützer des Getreides) zu sprechen, die von Strafgeldern der Phoker an die Amphiktionen deshalb errichtet worden war, weil sie heiliges Land angetastet und bebaut hatten (345 v. Chr.?). Es folgen die Beschreibungen der Standbilder der aitolischen Feldherrn, die 278 v. Chr. die Galater (S. 93) besiegt hatten und die aufgesessenen Hipparchen (Anführer der Reiterei) von Pherai – wahrscheinlich errichtet anläßlich eines Sieges gegen die Athener 456 v. Chr.; weiterhin der bronzene Palmbaum der Athener für die Schlacht am Eurymedon (465 v. Chr., in Südkleinasien) mit Athena, Käuzchen und Datteln in Gold (U2, Nr. 420) und schließlich der Raub der Nymphe Aigina durch Zeus – eine Weihung ihrer Heimatstadt Phlius.

Die Erklärung des oberen Liparäerweihgeschenks klingt nach Seemannsgarn aus Fremdenführermund: Es handelte sich um 20 Jünglingsstatuen, die zum Dank für vier siegreiche Seegefechte gegen die Etrusker gestiftet wurden. Denn um den Krieg durch Tapferkeit und nicht durch zahlenmäßige Überlegenheit zu gewinnen, hätten die Etrusker und Liparäer viermal je fünf Schiffen gegeneinander aufgeboten, wobei ein um das andere Mal die Liparäer gewonnen hätten. Dem Orakel sei so für den entsprechenden Rat gedankt worden. Das hört sich doch sehr unwahrscheinlich an, als realen Vorgang möchte man sich wohl eher eine in Delphi bestätigte Strategie eines Schiffskleinkrieges vorstellen, bei dem massierte Flottenaufgebote vermieden wurden.

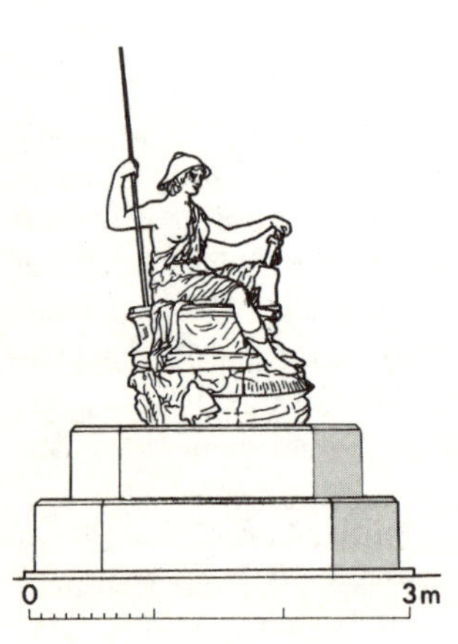

19 Denkmal der Aitoler für die Abwehr der Kelten 278 v. Chr., Rekonstruktion nach Münzbildern der Zeit

Antiquarisches Interesse des Pausanias verrät die Erwähnung einer Apollonstatue eines gewissen Echekratidas aus Pharsalos (Thessalien), das die Delpher für die älteste Statuenweihung hielten.

Es folgen in den Beschreibungen des Pausanias eine Weihung der Sarden, ein Pferd als privates, inoffizielles Denkmal des schwerreichen Kallias (mit dem Spitznamen *Lakkóplutos* etwa: Reichtums- oder Goldgrube) für seine Mitwirkung am Sieg von Marathon, eine Athenastatue der Achaier aus ihrem Krieg mit den Römern gegen die Aitoler (189 v. Chr.), eine Apollonstatue von Lindos auf Rhodos, der Esel der Ambrakioten (Westgriechenland), der ihnen bei einem Nachtgefecht zum Sieg gegen die Molosser geholfen haben soll, und die Opferprozession der Orneaten (in der Argolis), als Erfüllung einer Forderung des Orakels nach einem täglichen Opfer. Eine technische Rarität war die Darstellung des Kampfes des Herakles mit der Hydra, die ein gewisser Tisagoras aus Eisen hatte anfertigen lassen. Es folgen Weihungen aus Elateia (Böotien), Massalia (Marseille) und auf dem westlichen Vorplatz das Denkmal für die Abwehr der Galater im Jahre 278 v. Chr. (Abb. 19, S. 93): «*Von den Aitolern wurde ein Tropaion mit der Statue einer bewaffneten Frau errichtet, der Aitolia. Dieses weihten die Aitoler, da sie die Galater als Vergeltung fur deren Grausamkeit gegen die Einwohner von Kallion schlugen*». Von dem Denkmal sind Teile des Sockels mit Beutewaffen erhalten. Die Aitolia darf man sich amazonenhaft vorstellen, wie sie auf aitolischen Münzen der Zeit erscheint.

Die Erinnerung an eine Heldentat aus den Perserkriegen hielten die Statuen des Skyllis von Pallene (Chalkidike) und seiner Tochter Hydna fest: Nach Pausanias sollen die beiden getaucht sein und die Anker- und Haltetaue persischer Schiffe am Pelion während eines Sturmes gelöst haben, was der persischen Flotte Verluste gebracht habe. Herodot (8,8) berichtet abweichend, ohne die Tochter zu erwähnen und unter etwas anderem Namen: Skyllies habe auf persischer Seite den Schiffbruch durch den Sturm mitgemacht, habe dann aber als Überläufer dies den Griechen gemeldet. Dazu sei er 80 Stadien (über 12 km) von Aphetai bis Kap Artemision geschwommen.

Zwei der berühmtesten Ausgrabungsfunde, die Tänzerinnen- oder Akanthussäule und das Daochosmonument, hat Pausanias nicht gesehen: Die monumentale Akanthos- oder Tänzerinnensäule (U2, Nr. 509) bestand aus einem hohen Schaft in der Art eines Pflanzenstengels mit Akanthusblättern als Umhüllungen und einer Gruppe von drei graziös schwebenden Tänzerinnen, die als Karyatiden einen Dreifuß trugen. Die Figuren stehen der Kunst des berühmten Bildhauers Praxiteles (4. Jh. v. Chr.) nahe; das Monument ist nach den Resten einer Inschrift als Weihung aus Athen zu erklären.

Das Daochosmonument (U2, Nr. 511) hat seinen Namen nach seinem Stifter, Tetrarch (einer der vier höchsten Würdenträger im Bund der Thessaler) in Pharsalos, Parteigänger König Philipps II. von Makedonien (382–336 v. Chr.). Es stellte Apollon, die Vorfahren des Stifters und dessen Sohn dar, die mit Gedichten auf der Basis als Herrscher und siegreiche Athleten vorgestellt wurden: Aknonios (um 500 v. Chr.), Agias, siegreicher Pankratiast (Freistilringer) und seine Brüder Telemachos und Agelaos, Ringer und Läufer, dann Daochos I., Sohn des Agias, 27 Jahre Herrscher in Thessalien (ca. 440–413); Sisyphos I., Sohn des Vorigen, Daochos II., Sohn des Vorigen, Stifter des Denkmals; Sisyphos II., Sohn des Vorigen. Die Statuen sind Werken des Bildhauers Lysipp (4. Jh. v. Chr.) ähnlich; die Herrscher sind mit der Chlamys (kurzer, über der rechten Schulter gesteckter Mantel von Reisenden oder Soldaten) bekleidet, die Athleten hingegen sind nackt.

Ebenfalls nördlich des Tempels befand sich der Bezirk des mythischen Helden und Troja-Bezwingers Neoptolemos, Sohn des Achilleus und eine der Hauptgestalten unter den thessalischen Heroen. Die mythische Überlieferung ist nicht eindeutig. Neoptolemos soll seinen Tod in Delphi und ein Grab im oder bei dem Tempel gefunden haben. Daß der Held Apollon für den Tod seines Vaters Achilleus zur Rechenschaft habe ziehen wollen und dafür getötet worden sei, steht im Widerspruch zu den kultischen Ehren und wirkt wie eine nicht ursprüngliche Kombination von Mythenschreibern. Der Kultbezirk ist eines der vielen Zeugnisse für die Verbindungen Delphis mit der nördlich gelegenen Landschaft Thessalien.

7. Höhepunkte der Baukultur des 4. Jahrhunderts v. Chr.

Mit der Errichtung des spätarchaischen Tempels, des monumentalen Altars auf seiner großartigen Terrasse, der prunkvollen Marmorschatzhäuser, der Hallen der Athener und Knidier sowie der Siegesmonumente am Tempelvorplatz bot das Heiligtum um die Mitte des 5. Jhs. v. Chr. ein weitgehend in sich geschlossenes Gesamtbild, in dem für andere dominierende Monumente und Veränderungen des Gesamteindrucks kaum mehr Platz war.

Die Situation änderte sich schlagartig infolge einer Naturkatastrophe; der Charakter der Zerstörungen läßt auf jenes Erdbeben schließen, das sich im Jahr 373 v. Chr. ereignete. Die Zerstörungen im Heiligtum waren sehr ungleich. Es kam zu einem gewaltigen Bergsturz, der bis zum Tempel alles verwüstet hat. Der Bau hat wie ein Bollwerk das darunter liegende Areal geschützt, wurde selbst aber so sehr in Mitleidenschaft gezogen, daß er neu errichtet werden mußte. Das Heiligtumsgelände wurde neu gestaltet. Man hat die Schuttmassen, in denen auch die berühmte Statue des Wagenlenkers (Abb. 20) niedergelegt wurde, mit einer großen Stützmauer, dem *ischégaon* (Erdhalt) für eine Terrassie-

20 Statue des Wagenlenkers, von einem Rennsieg-Denkmal des Hieron I. von Syrakus bei den Pythien von 470 v. Chr. (?), von dessen Bruder Polyzalos geweiht

rung verwendet, deren Volumen den Tempel an seiner Bergseite erheblich beengte, wie der Vergleich mit den Resten der spätarchaischen Terrassenmauern zeigt.

Der Neubau des Tempels war, abgesehen von der bautechnischen Leistung, zunächst einmal eine Herausforderung in finanzieller Hinsicht. Ein gesamtgriechischer Kongreß hatte sich 371 v. Chr. in Sparta mit dem Wiederaufbau befaßt. Die begrenzten Geldquellen – gesondert gebuchte Beiträge der Delpher, Umlagen in der übrigen Kultgemeinschaft und ein eher bescheidenes Spendenaufkommen – erlaubten lange Zeit keinen schnellen Fortgang der Arbeiten. Der Dritte Heilige Krieg (356–346 v. Chr.) brachte eine massive Unterbrechung der Arbeiten. Zur Weiterführung und zu einem schnellen Abschluß führten erst die Straf- und Reparationsgelder, welche die Phoker nach ihrer Niederlage von 346 v. Chr. an die Kultgemeinschaft abführen mußten. Über die Finanzverwaltung werden wir durch Urkunden unterrichtet, die für jederman sichtbar als Inschriften auf Stelen unterhalb des Tempels aufgestellt waren. Einige sind dank ihrer späteren Verwendung als Pflastersteine im spätantiken Städtchen recht gut erhalten, von anderen gibt es nur noch geringe Bruchstücke, doch konnten die textlichen Zusammenhänge dieser Fragmente durch akribische Untersuchungen vielfach wiedergewonnen werden.

Der Apollontempel Die spätklassische Baukultur Delphis zeigt im 4. Jh. v. Chr. sehr gegensätzliche Aspekte. Der Wiederaufbau des Tempels wurde von restaurativen Gedanken geleitet. Bei allen Unterschieden in den Proportionen von Säulen und Gebälk besaßen der alte und der neue Tempelbau durch den altertümlich langen Grundriß und den sikyonischen Porosstein als Material für Säulen, Gebälk und aufgehende Mauern verbindende Elemente. Im Aufbau war der neue Tempel, dem Geschmack seiner Zeit entsprechend, schlanker proportioniert (Abb. 21). Der Zeitgeist kam vor allem im Bildprogramm der Giebelfelder zum Ausdruck. Ein genauerer Vergleich des alten und des neuen Tempels wird indes dadurch erschwert, daß wir den älteren Bau nur aus den beim Neubau erweiterten Funda-

21 Ost- und Westfassade des klassischen Apollontempels

menten und aus verstreuten und bei der Errichtung verschiedener Bauten wiederverwendeten Teilen kennen. Doch können wir davon ausgehen, daß man damals den Neubau in mancherlei Hinsicht modernisiert hat. Der vorzügliche, marmorartige Kalkstein der Brüche von Hagios Elias fand sowohl im Grundriß für das rostartig angelegte Fundament als auch im Aufriß für die Orthostaten (große, hochkant versetzte Mauersockelblöcke) der Cellawand Verwendung. Außerdem wurden jetzt beide, nicht nur ein Giebel, mit Figuren aus pentelischem Marmor geschmückt.

Das Schatzhaus der Thebaner und der Kalksteintempel in der Marmaria Neben der Erneuerung des Tempels selbst mit seiner Mischung aus restaurativen und progressiven technischen und künstlerischen Zügen treten einige Bauten hervor, die sich durch eine merkwürdige, faszinierend abstrakte Ästhetik auszeichnen. Sie wurden ganz aus dem vorzüglichen Hagios-Elias-Kalkstein aufgeführt. Die beiden Bauten, um die es hier vorzugsweise gehen soll, sind das Schatzhaus der Thebaner im Südwestteil des Apollonheiligtums (Abb. 22 und U2, Nr. 124) und der klassische Tempel im Heiligtum der Athena Pronaia in der Marmaria (Abb. U3, Nr. 43).

Das Schatzhaus der Thebaner (Abb. 22) bezeichnet den Höhepunkt der thebanischen Macht. Es gehört in die Reihe jener Weihgeschenke, die jeweils eine griechische Vormacht zu ihrer Zeit in Delphi errichtete. In diesem Fall war es Theben, nachdem sein Feldherr Epameinondas 371 v. Chr. mit dem Sieg bei Leuktra den Mythos der spartanischen Unüberwindbarkeit gebrochen hatte. In der baulichen Konzeption, in der Wahl und Verwendung des Materials und in den geometrisch subtilen Entwurfsideen gehört der Athenatempel in der Marmaria in denselben Zusammenhang.

Die architektonische Ordnung gehört zu den feinen, aber zurückhaltend strengen Formen des spätklassischen dorischen Stils. Das Baumaterial ist nicht mehr der traditionelle Kalksandstein (Poros) aus den Brüchen bei Korinth und Sikyon, sondern der damals neuerschlossene, am Ort gewonnene, marmorartige

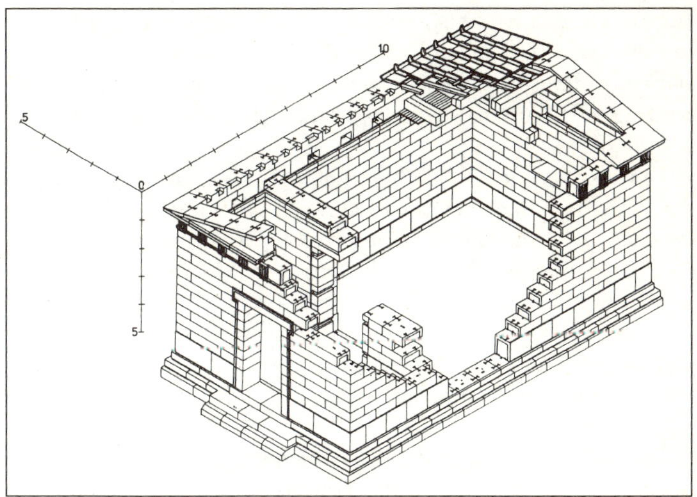

22 Das Schatzhaus der Thebaner, gestiftet nach der Schlacht von Leuktra 371 v. Chr.

Hagios-Elias-Kalkstein. Er hat ungefähr die Dichte und Homogenität von gutem Marmor und kommt leuchtend weiß aus dem Steinbruch, wird aber durch die Verwitterung leicht unansehnlich grau.

Das Schatzhaus der Thebaner hatte nur einen Vorraum mit einfacher Tür, ohne Säulenstellung. Die noch anstehenden Fundamente zeigen eine bemerkenswerte baustatische Sicherung. Man erkennt entlang der Seiten Rinnen, die sich an den Ecken überschneiden. Sie müssen zur Aufnahme von Eisenankern gedient haben, mit denen der Bau auch bei etwaigen Bewegungen des Grundes fest zusammengehalten wurde. Bei den größeren Bauten wie dem Tempel gibt es solche durchgehenden Verankerungen nicht. In den Fundamenten des Tempels sicherte man den Bau durch Verklammerungen der einzelnen Steine untereinander gegen Erdbewegungen.

Reicher verziert als das Schatzhaus der Thebaner ist der spätklassische Kalksteintempel des Heiligtums in der Marmaria, der nach seinen Bauformen um die Mitte des 4. Jh.s v. Chr. errichtet wurde. Es steht nicht sicher fest, welcher Gottheit er geweiht war. Denn aus der antiken Beschreibung des Heiligtums von Pausanias geht für uns nicht hervor, in welcher Reihenfolge die Bauten erklärt sind und welche damals nicht mehr standen.

Der Bau ist von Schlichtheit, Qualität und höchstem Raffinement geprägt. Figürlicher Bauschmuck scheint nicht vorhanden gewesen zu sein. Der Baukörper bestand aus dem Kasten der Cella und einer Säulenvorhalle. Der steile Stufenunterbau (*Krepís*) ist um die Vorhalle mit Trittstufen verbreitert. Die Vorhalle ist weit und licht, ohne weitere Innenstützen. Die Cella öffnete sich zum Tageslicht nicht, wie üblich, mit nur einer, sondern mit drei Türen, deren Zwischenpfeiler mit ionischen Kapitellen geschmückt waren.

Der Schnitt der Wandquader folgt einem raffinierten Konzept. Die Mauern sind, ähnlich wie Säulen, leicht nach oben verjüngt und zugleich aus der Senkrechten nach innen geneigt. Außerdem laufen die senkrechten Fugen zwischen den Blöcken (die sogenannten Stoßfugen) nicht rechtwinklig zur Flucht der Mauern; sie sind vielmehr von der Mitte aus gegen die Ecken des Baus zunehmend geschrägt, so daß sie eine Reihe von Keilen bilden. Wirklich rechtwinklig sind daher nur die Ansichtsflächen der Quader innen und außen, alle anderen Flächen bestehen aus ganz leicht ungleichschenkligen Trapezen.

Die Tholos Ein berühmtes Kleinod antiker Baukunst ist die Tholos neben dem Kalksteintempel in der Marmaria. Ihre erlesenen Bauformen und die drei wieder aufgerichteten Säulen sind als Wahrzeichen Delphis wohl noch bekannter als der Apollontempel selbst. Die Bestimmung des Baues ist unsicher, offen sind auch viele Fragen zum Entwurf und der Ausführung. Welche Bedeutung bereits die Zeitgenossen der Tholos beimaßen, erkennt man nicht zuletzt daran, daß der Name des Architekten, Theodoros von Phokaia in Kleinasien, überliefert ist. Plinius erwähnt eine Schrift, die der Architekt über sein Werk verfaßt hat. Leider wissen wir nichts Näheres über ihren Inhalt und können uns nur aus den erhaltenen Resten eine Vorstellung von Quali-

23 Die Tholos in der Marmaria

tät und Problemen des Entwurfs und der Ausführung bilden. *In situ* (d. h. bis heute am Platz unverrückt) erhalten sind der Stufenbau, die untersten Teile der Säulen und die Orthostaten der runden Cellawand.

In den erhaltenen Details hat die Qualität dieses Baus eine intensive Wirkung. Das Sonnenlicht verleiht dem pentelischen Marmor einen kristallinen Schimmer und schafft weiche Übergänge von Licht und Schatten entlang der Rundung von Stufen und Cellamauer. Feinste Meißelarbeit und Oberflächenschliff zeigt das exquisite Profil mit dem Blattdekor, der mit einer schwarzen Marmorstufe vom Boden abgesetzt ist. Die Feinheiten des Entwurfs sind mit größter Exaktheit ausgeführt. Dazu gehören, ähnlich wie die Kurvatur bei rechteckigen Tempeln, eine Aufwölbung des Bodens und eine leichte Neigung der Säulen nach innen. Die drei Stufen des Unterbaus sind nach Höhe und Breite unterschieden, sie wachsen nach oben an. Die beiden unteren Stufen sind an der unteren Kante mit einem einfachen, die oberste Stufe als Stylobat (Säulenträger) ist dagegen mit einem doppelten, schattenbildenden Rücksprung betont.

Die Schwierigkeiten des Entwurfes können wir zu einem gewissen Grad nachvollziehen, die Lösungen, die der Architekt gefunden hat, dagegen nur mit Vermutungen umreißen. Es geht um die Verhältnisse von Kreisdurchmessern im Grundriß und Raumhöhen, um die Vermittlung in der Grund- und Aufrißgeometrie zwischen 20 Säulen im Außenbau und 10 Säulen in der Cella sowie um die Grate und deren Verzweigungen in der Balkenkonstruktion und der Marmorziegeldeckung des Daches.

8. Ereignisse und Monumente bis zum Ende der griechischen Unabhängigkeit (146 v. Chr.)

… die stürmen vom äußersten Westen
Gleich Flocken des Schnees und gleich an Zahl den Gestirnen …
… in der Nähe des Tempels
Scharen der Feinde und nahe bei meinem Dreifuß die Schwerter
Und die Gürtel, die Waffen der Frechen und die gehaßten Schilde …
(Kallimachos, Hymnos auf Delos, übers. von Howald und Staiger).

Die Galater (Kelten) hatten gerade eine der bedeutendsten Städte des aitolischen Bundes, Kallion, unweit westlich von Delphi, vernichtet. Bei den folgenden Abwehrkämpfen, die sich bis nach Thessalien hinzogen, taten sich Athener und Phoker besonders hervor; letztere stellten nach ihren Freveln am Heiligtum im Dritten Heiligen Krieg (356–346 v. Chr.) ihr Ansehen auf diese Weise wieder her. Pausanias parallelisiert in seinem Bericht diese Abwehr mit der Abwehr der Perser von 480 v. Chr. Die Überlieferung schwankt in der Frage, ob das delphische Heiligtum der Plünderung durch die Kelten entging. Göttliche Erscheinung bei der Abwehr wird hervorgehoben. Historische Fakten sind die jährlichen kleinen und die großen fünfjährigen allgriechischen

Rettungsfeste (*Sotéria*), die Weihung von Waffen der besiegten Kelten im Heiligtum sowie das Denkmal mit der Personifikation des Aitolischen Bundes (Abb. 19).

Die führenden Mächte setzten damals durch Stiftungen von Bauten neue Akzente im Erscheinungsbild des Heiligtums. Das Heiligtum war jedoch schon so dicht bebaut, daß für diese Baumaßnahmen Platz außerhalb der Umfriedung gesucht wurde. Die Halle der Aitoler, in die man die keltischen Waffen weihte, war eine großzügige, doppelschiffige und zweigeschossige Anlage, die sich aus dem Heiligtum heraus weit nach Westen erstreckte; sie vermittelt uns eine Ahnung von den Besuchermengen, die darin Aufnahme fanden.

Das Eingreifen Roms in die griechischen Verhältnisse im Zuge der drei makedonischen Kriege (219–168 v. Chr.) führte zur Umschichtung der politischen Verhältnisse. Der Aitolische Bund, zunächst Vorkämpfer der römischen Machtpolitik auf der Balkanhalbinsel, verlor nach dem Seitenwechsel und militärischen Niederlagen Einfluß auch im Heiligtum. An seine Stelle traten als Verbündete Roms und Stifter von Denkmälern der Achäische Bund unter der glänzenden Führung Philopoimens und die Könige von Pergamon.

Attalos I. Soter von Pergamon (241–197 v. Chr.) verdankt das Heiligtum eine Erweiterung mit Gebäuden, die an die Bauten am Palastberg von Pergamon erinnern. Es handelt sich um einen Bezirk, für den die Heiligtumsmauer zum Teil niedergelegt werden mußte, um die Anlage in lockerer Symmetrie zur Westhalle weit nach Osten fortzusetzen. Eine gewaltige Terrasse ruht auf Substruktionen mit einer Krypta, die aus zwei parallelen, im Inneren rechtwinklig verbundenen Gängen besteht. Deren Gewölbe in Tonnenform mit genau geschnittenen Keilsteinen ist das älteste uns bekannte Beispiel seiner Art. Auf der Terrasse erhoben sich eine doppelstöckige Halle, davor eine lange Statuenbasis, Pfeilermonumente und ein Altar. Den Abschluß nach Osten bildete eine Kapelle, die vielleicht dem Neoptolemos, dem Sohn des Achill, geweiht war, der mythologisch sowohl mit Delphi als auch mit dem pergamenischen Herrscherhaus verbunden war. Die pergamenischen Ingenieure haben den

Bau mit einem riesigen Schacht entlang der Bergseite gegen die Gefährdung durch vom Berg herabfließende Wassermassen geschützt. Er war durch Abdeckungen und eine Balustrade gesichert, konnte große Wassermengen fassen und durch einen mächtigen Kanaltunnel unter der Anlage ableiten.

Der letzte Gegenspieler Roms in Griechenland, König Perseus von Makedonien (212–165 oder 162 v. Chr.), hatte für sich ein Reiterdenkmal auf einem hohen Pfeiler arbeiten lassen. Es sollte in Konkurrenz neben den Pfeilerdenkmälern von König Eumenes II. von Pergamon (197–160/59 v. Chr.) und Prusias II. von Bithynien (182–149 v. Chr.) stehen. Am 22. Juni 168 aber verlor König Perseus die Schlacht bei Pydna gegen den römischen Konsul Aemilius Paullus (225–160 v. Chr.), der daraufhin dem Pfeilermonument seine eigene Reiterstatue aufsetzen und die Inschrift einmeißeln ließ: *«L. Aimilius L. f. inperator de rege Perse/Macedonibusque cepet»* (Feldherr Lucius Aemilius, Sohn des Lucius, hat es von König Perseus und den Makedonen erbeutet). Dieses Denkmal ist ein hervorragendes Zeugnis für die anwachsende Vormacht Roms in Griechenland. Diese Entwicklung fand einen Abschluß in der Eroberung von Korinth und der Auflösung des Achäischen Bundes im Jahr 146 v. Chr.

Sehr viele Inschriften, die Wände und Denkmäler des Heiligtums bedecken, haben freilich keinen solchen bedeutenden historischen Gehalt, sondern sind Beurkundungen von Sklavenfreilassungen. Sklaverei in der Antike konnte für den Betroffenen sehr unterschiedliche persönliche Konsequenzen haben, die von den Schrecken eines Straflagers bis zu familiärer Verbundenheit mit einem Herrn reichten, der seinen Sklaven gar adoptierte und zum Erben einsetzte. Für solche Freilassungen diente das Heiligtum als Garant und Archiv, etwa einem Standesamt vergleichbar. Der Rechtsakt der Freilassung war *pro forma* der Verkauf eines Sklaven an das Heiligtum. Die Urkunden sind durch Nennung der amtierenden Priester datiert, sie nennen auch den Freilassenden, den Freigelassenen und mehrere Zeugen des Vorgangs. Wir erhalten dank dieser Urkunden Einblick in die Gesellschaft der umliegenden Ortschaften und in einen ausgedehnten Einflußbereich des Heiligtums in Phokis, Ätolien und Böotien; in einzelnen Fällen kommen auch Freilassungen von unfreien Besuchern vor, die von weit her angereist waren. Die Rolle der antiken Heiligtümer war in der Frage der Sklaverei jedoch ambivalent: Haben wir doch andernorts auch Nachrichten von Sklavenhandel im Rahmen festlicher Heiligtumsmärkte; allerdings wissen wir nicht, ob Delphi hierin eine Ausnahme bildete.

9. Das Erbe der Vergangenheit unter römischer Herrschaft (1. Jh. v. Chr.–4. Jh. n. Chr.)

In den Wirren der römischen Bürgerkriege wurden auch den Heiligtümern Kriegskontributionen abgepreßt. Wohl 86 v. Chr. mußte das Heiligtum in Delphi Sullas Kriegsführung finanzieren helfen (Plutarch, *Sulla* 12, 4 ff.). Außerdem wurden die Grenzen des römischen Reiches unsicher. So fielen 84 v. Chr. die Maider ins Land ein, was abermals Übergriffe auf das Heiligtum nach sich zog. Dabei kam es zu einem Brand des Tempels und in der Folge zu dem Verlöschen des Heiligen Feuers auf dem Altar der Hestia. Der Geograph Strabon (9, 3, 4 [419]) notierte Jahrzehnte später, zur Zeit des Kaisers Augustus (27 v. Chr.–14 n. Chr.): «*Jetzt ist das Heiligtum sehr vernachlässigt, früher wurde es aber außerordentlich geehrt.*» Kaiserliche Fürsorge wird dann in der Reorganisation und Erweiterung des delphischen Amphiktionenrates durch Augustus erkennbar. Anlaß dafür war die Aufnahme der neugegründeten Stadt Nikopolis (Nordwestgriechenland) in die Kultgemeinschaft. Auch Kaiser Hadrian (117–138) korrigierte die Stimmenverteilung im Rat. Dem allgemeinen Bevölkerungsrückgang, den auch Plutarch im Zusammenhang mit dem Rückgang der Orakelkulte konstatierte, sollten in Delphi Bürgerrechtsverleihungen und Ansiedlungen steuern, die Kaiser Claudius (41–54) im Jahr 52 über den Proconsul von Achaia veranlaßte. Einem ähnlichen Ziel dienten

Veteranenansiedlungen unter Kaiser Nero (54–68), dem freilich Entführungen von Kunstschätzen aus dem Heiligtum angelastet wurden, und Gemeindelandverteilungen unter Kaiser Hadrian. Immerhin verfügte Delphi über das Münzrecht und prägte Motive des Apollonkultes – Dreifuß, Tempel, Siegespreistisch von den pythischen Spielen, den Gott selbst als Leierspieler sowie Mitglieder des Kaiserhauses.

10. Festspiele: Überlieferungen und Anlagen

Die Pythien, nach den Olympischen Spielen das bedeutendste von allen Griechen gefeierte Fest, werden im Mythos auf Apollon zurückgeführt. Der Gott habe nach Tötung des Drachens, der das Orakel für die Erdgöttin schützte, einen *agón epitáphios* (Wettkampf als Totenehrung) eingerichtet. Dahinter stehen Vorstellungen, die wir aus der *Ilias* kennen. Homer läßt Achill für den gefallenen Patroklos einen solchen Wettkampf veranstalten und wertvolle Preise aussetzen. So soll man auch die Pythien ursprünglich als *agón chrematítes* (Geld- oder Wertpreis-Wettkampf) in Delphi abgehalten haben. Die Spiele sollen nach griechischer Zählung in jedem neunten Jahr (wir würden sagen: alle acht Jahre) stattgefunden haben. Dieser Periodenrhythmus ist in einem anderen delphischen Fest mit urtümlichen Zügen – den sogenannten Septerien (oder auch Stepterien) – erhalten. Im Unterschied zu den homerischen Totenfeiern und den Olympischen Spielen bestanden diese ältesten Pythien nur in der Durchführung des Wettkampfs in einer musischen Disziplin, und zwar im Hymnengesang. In diesem Kontext wird in phantasievollen Mythenerzählungen zum Ruhme Delphis die Teilnahme der großen sagenhaften Dichter von nah und fern eingefügt: Die ersten Sieger seien Chrysothemis von Kreta und dann dessen Sohn Thamyris gewesen. Dies ist ein dichterischer Reflex, der Kreta in seiner bedeutenden Rolle für die Traditionen der ältesten griechischen Kultgeschichte zeigt; heißt es doch in dem homerischen

Apollonhymnos, daß der Gott selbst in Gestalt eines Delphins kretische Schiffer entführt und sie zu den ersten Priestern in Delphi gemacht haben soll. Später hätten Orpheus und Musaios die Teilnahme an den Pythien verweigert, Hesiod hingegen sei ausgeschlossen worden, da er sich selbst nicht auf der Kithara habe begleiten können. Homer habe das Heiligtum zwar besucht, aber wegen seiner Blindheit nicht an dem Wettspiel teilnehmen können. Diese Legenden verblassen gegenüber dem Ruhm jenes Dichters, der in Delphi kultische Ehrung erfuhr und der durch seine Lieder für Sieger von Delphi und andere große Heiligtümer in Griechenland unsterblich geworden ist: Pindar (Seine Lebensdaten sind nicht genau bekannt: 522 oder 518 bis nach 446 v. Chr.).

Bereits das Ergebnis des Ersten Heiligen Krieges (ca. 594/3–585 v. Chr.) führt uns in historisch bestimmtere Verhältnisse, als sie die Mythen spiegeln. Die Verbündeten der Kultgemeinschaft in Thessalien, Athen und Sikyon unterbanden Einflußnahme und Herrschaftsansprüche von Krisa, das 590 zerstört wurde, und «internationalisierten» das Heiligtum mit einer lokalen Selbstverwaltung, einer für die Delpher durchaus auch vorteilhaften Geschäftsführung in den Angelegenheiten des Heiligtums. Der politische Status der Stadt im Verhältnis zum phokischen Umland und gegenüber den wechselnden Schutz- und Hegemonialmächten – ihre «Freiheit» – bleibt Thema bis zur Errichtung der römischen Herrschaft in Griechenland.

590 v. Chr. richteten die Amphiktionen die Spiele neu ein. Zu den musischen Wettbewerben kamen die verschiedenen sportlichen Disziplinen für die Athleten und die Rennen mit Pferden und Wagen, die hippischen (von griechisch *híppos*, Pferd) Agone. Die ausgelobten Siegespreise wurden aus der Kriegsbeute genommen. Bei den nächsten Spielen 582 v. Chr. folgte eine weitere, bleibende Reform. Die Spiele wurden zu einem *agón stephanítes* (Siegeskranz-Wettspiel) wie die anderen großen Spiele in Olympia, Isthmia und Nemea. Die Preise bestanden nur mehr in Kränzen von Lorbeer in Delphi, von wildem Ölbaum in Olympia, von Eppich (Sellerie) in Isthmia und von Fichte in Nemea. Die Preisverleihungen waren indes Anlaß zu Feiern, großen

Ehrungen der Sieger in ihrer Heimat, prunkvollen Weihgeschenken und kunstvollen Siegesliedern von den besten Dichtern. Auch wenn ein Sieger nicht über solche Reichtümer verfügte wie die sizilischen Tyrannen, so wurde doch durch die Anteilnahme der Heimatstadt ein Sieg zu einem glanzvollen öffentlichen Ereignis. Einen großen Teil seiner Beschreibung des Heiligtums von Olympia widmet der «antike Baedeker» Pausanias im 2. Jh. n. Chr. den Votiven, welche die Sieger der dortigen Spiele nach ihren Erfolgen weihten. In Delphi wollte er sich nicht in dieser Weise wiederholen, so daß wir über das Geschehen daselbst nur durch die Bodenfunde (Abb. 20) und die literarische Überlieferung der Siegeslieder von Pindar unterrichtet sind.

Zu den Neuerungen der Pythien von 582 v. Chr. gehörte die Verkürzung der Intervalle zwischen den Festen von acht auf vier Jahre. Die Feierlichkeiten der großen Heiligtümer wurden so aufeinander abgestimmt, daß im jährlichen Wechsel die Olympiaden, die Isthmien, die Pythien und die Nemeen folgten. Zu den Triumphen in den Karrieren der großen Sportler gehörte der Sieg reihum in jedem dieser Heiligtümer während der Dauer einer Periode von vier Jahren. Man nannte sie dann Periodoniken (Periodensieger). Die Pythien wurden wie die Olympiaden im Sommer, aber jeweils zwei Jahre später gefeiert. Der Vorrang der Olympiaden ist wohl darin begründet, daß der Gott des Heiligtums, Zeus, der höchste unter den olympischen Göttern ist. Der Vorrang findet einen Ausdruck darin, daß die Zählung der Olympiaden von den antiken Historikern verwendet wurde, um die unterschiedlichen lokalen Chronologien miteinander in Beziehung zu setzen, denn die amtlichen Datierungen basierten, nach dem Schema *«Im Jahre des ...»*, auf den lokalen Verzeichnissen von höchsten Amtsträgern, nach denen das Jahr benannt wurde. Dem olympischen Lebensideal von Beherrschung und Leistung des Körpers setzte Delphi eine Sinngebung durch Selbsterkenntnis des Menschen im Verhältnis zur irdischen und göttlichen Welt entgegen. Hier, in Delphi, nicht in Olympia, war der Mittelpunkt, der Nabel der Welt – bestimmt durch den Göttervater Zeus, der zwei Adler von den Enden der Welt herbeifliegen und sich hier treffen ließ.

Von den Anlagen, die dem Sport und den Wettkämpfen dienten, haben sich das Stadion und das Gymnasion erhalten. Vom Hippodrom, der Perderennbahn, die eine größere ebene Fläche erforderte, sind weder Lage noch Reste bekannt. Stadion und Gymnasion wurden dagegen mit großem Aufwand an Terrassierungen im Stadt- und Heiligtumsgebiet angelegt. Das Stadion liegt über dem Heiligtum dicht unter der Felswand mit eindruckvollen Steinbrüchen. Vom Vorgängerbau des 5. Jh.s v. Chr. ist ein Stützmauertrakt mit einer Inschrift erhalten, die das Mitbringen von Wein verbietet. Die eindrucksvolle Anlage mit den steinernen Sitzstufen, Brunnen und den Resten der Prunkfassade, in der die Ehrenstatuen der Stifterfamilie standen, ist – wie viele öffentliche Bauten – eine Stiftung des Herodes Atticus (101–177 n. Chr.), des zu seiner Zeit überragenden römischen Mäzens im griechischen Osten. Die Bedeutung der pythischen Spiele in der römischen Kaiserzeit geht nicht zuletzt daraus hervor, daß auch an vielen anderen Orten, sogar noch in Kleinasien und Spanien, Wettspiele unter dem Namen der Pythien durchgeführt wurden.

Gymnasien und Theater sind als grundlegende Institutionen griechischer, demokratisch verfaßter Stadtkultur zu verstehen. In diesen Einrichtungen erfolgte die körperliche, geistige und moralische Erziehung der Bürger. Der Bau des Gymnasions in Delphi gehört zu den ältesten und originellsten Anlagen seiner Art. Er war mit Unterstützung der Kultgemeinschaft, der Amphiktionen, in der zweiten Hälfte des 4. Jh.s v. Chr. errichtet worden. Inschriftliche Baurechnungen sind aus den 30er und 20er Jahren dieses Jahrhunderts erhalten. Das Gymnasion diente auch dem sportlichen und kulturellen Leben der Stadt, zwischen deren Häusern und Heiligtümern es landschaftlich reizvoll eingebettet liegt. Eine großzügige Terrassenarchitektur wurde der schwierigen Hanglage abgewonnen. Auf der oberen Terrasse stand eine Halle mit 83 ionischen Säulen, sowie mit je einer Rennbahn von Stadionlänge (172 m) unter dem Dach bzw. im Freien (*Xystós* und *Paradromís*); auf der unteren befand sich die Ringschule *(Palästra)* mit Räumen um einen Säulenhof (*Peristyl*) zum Umkleiden und fürs Training, für Vorträge und Kultfeiern. Im Freien daneben lagen Badeanlagen mit Laufbrunnen, Trögen und einem stattlichen runden Schwimmbecken in herrlichster Aussichtslage. Großen Wert legte man auf die Versorgung mit frischem Wasser, das – von der Kastalia herangeführt – zuerst auf der oberen Terrasse in Schöpfbecken und dann auf der unteren durch Wasserspeier strömte.

Erneuerungen noch in römischer Zeit beweisen die Bedeutung, die dieser Anlage im Leben der Stadt über viele Jahrhunderte zukam. Die Lage und das vorzügliche Baumaterial nutzte man später für die Errichtung des Klosters der *Panajia* (die Allerheiligste, Titel der Gottesmutter Maria). Das runde Schwimmbecken diente in dieser Zeit als Fischteich, und im Kloster wurden antike Funde gesammelt, von denen die Reisenden vor Beginn der «Grande fouille» (1893) – der großen französischen Ausgrabungen – berichteten. Um die antiken Bauten freizulegen, wurde das Kloster schließlich abgebrochen. Die zuvor dort aufbewahrte Sammlung von Antiken kam zunächst ins Schulhaus, dann in das neue Museum; von der Ausmalung der Kirche sind noch heute Fresken im Byzantinischen Museum zu Athen zu sehen.

Das Theater (U2, Nr. 538/539) mit seiner großartigen Aussichtslage ist baulich in den nordwestlichen Teil der Umfassungsmauer des Heiligtums integriert, die seine äußere Form etwas unregelmäßig bestimmt. Man hat bei seiner Errichtung auf das Monument des Krateros mit der Figurengruppe der Löwenjagd Alexanders des Großen, die Lysipp geschaffen hatte, Rücksicht genommen. Die erste in Stein gebaute Anlage scheint nicht vor 260 v. Chr. entstanden zu sein, da damals zu dem Fest der Pythien noch Aufbauten aus Holz benutzt wurden. Die noch heute sichtbare Anlage könnte einer Inschrift zufolge eine pergamenische Stiftung sein, doch wurde sie mehrfach umgebaut. Vom ursprünglich vollen Kreis der *Orchestra* (runder zentraler Tanzplatz) trennte man für die römische Erweiterung des Bühnenbaus ein Segment ab. Ein tiefer umlaufender Graben mit Plattenabdeckung führte das Wasser ab. Römisch sind auch der Plattenbelag und der Fries mit einem Zyklus der Heraklestaten, die das Bühnengebäude schmückten.

II. Delphi im Wandel von Überlieferungen und Weltanschauungen – das Ende des Orakels

Die reiche literarische Überlieferung zu Delphi ist zum weitaus größten Teil nur noch durch Zitate und in Erwähnungen von Werktiteln bezeugt. Aristoteles und sein Schüler Kallisthenes haben die Siegerlisten von den pythischen Spielen zusammengestellt und die Geschichte der Stadt geschrieben; sie sind dafür in Delphi ebenso geehrt worden (ca. 340–332 v. Chr.) wie später auch Polemon von Ilion, der umfassend Geschichte und Länder beschrieb und der 177/6 v. Chr. zum Ehrenkonsul (*Próxenos*) ernannt wurde. Großes antiquarisches und anekdotisches Interesse prägte die Schrift über die in Delphi geraubten Schätze von Anaxandrides von Delphi. Über delphische Geschichte haben ferner zu verschiedenen Zeiten Melissos, Apolas Pontikos, Apollonios, Theopomp von Chios, Alketas und Pausanias Lakon geschrieben, über delphische Legenden und Orakel haben Pherekydes, Mnaseas von Patara und Alexandros Polyhistor geforscht und seine Sprüche gesammelt; Gorgias von Leontinoi und Menaichmos von Sikyon haben Festreden über Delphi gehalten, der Architekt Theodoros von Phokaia hat die Tholos in der Marmaria beschrieben (S. 92).

Ausführlichere Texte oder ganze Schriften zu delphischen Themen sind uns vor allem von vier Autoren erhalten: die Kroisos-Geschichten von Herodot, die Oden für die Pythiensieger von Pindar, die Erklärungen des berühmten «E» am Apollontempel und der Wandel der Orakelsprüche von Plutarch sowie die Heiligtumsbeschreibung von Pausanias.

Im Gegensatz zu anderen Reiseschriftstellern (wie etwa Herakleides, 3. Jh. v. Chr.) nimmt Pausanias kaum Stellung zum Leben seiner Zeit, Ausnahmen sind die großen Gebäudestiftungen des Herodes Atticus wie das Stadion in Delphi.

Plutarch von Chaironeia in Böotien vertritt unter diesen Autoren das humane Weltbürgertum eines kultivierten Griechen unter römischer Herrschaft. Sein Geburts- und Todesjahr sind nicht genau bekannt, er hat von etwa 45 bis nach 120 gelebt. Er war zugleich weltläufig, weitgereist und heimatverbunden. Wir wissen von seinen Besuchen in Ägypten und Rom, wo er Zugang zum engsten Kreis um den Kaiser erlangte. Er übernahm sowohl in seiner Heimatstadt als auch in Delphi Ämter. In Delphi, das für ihn eine besondere geistige Heimat wurde, hat er das Bürgerrecht erhalten und das Amt des Apollonpriesters auf Lebenszeit geführt. Im Jahr 119 ist er sogar als Procurator der Provinz Achaia bezeugt.

Über Delphi verdanken wir Plutarch zwei spezielle Schriften, die eine über das mystische E, die andere über das Problem, daß die Orakel der Pythia nicht mehr in Versform erteilt wurden (*De E apud Delphos*, *De Pythiae oraculis*). Von Delphi aus führen seine beiden Schriften über Isis und Osiris und über das Erlöschen von Orakelkulten in einen weiteren Zusammenhang (*De Iside et Osiride*, *De defectu oraculorum*).

Die Schriften vermitteln eine Vorstellung von der geistigen Atmosphäre eines Kreises, in dessen Mittelpunkt der Apollonpriester Plutarch stand. Die Schrift über Isis und Osiris hat er Klea, seiner delphischen Amtskollegin im Kult der Isis, gewidmet. Die Abhandlungen Plutarchs sind vorzugsweise, ähnlich den platonischen Dialogen, als Gespräche im Kreis von Freunden und Verwandten abgefaßt, von denen sein Lehrer Ammonios, sein Bruder Lamprias und Theon aus Ägypten, der mit Plutarchs Familie verschwägert war, deutlicher hervortreten. Man hat von diesem Kreis als einer «Privatakademie» gesprochen.

In der Schrift über Isis und Osiris geht es um die Parallelisierung von Kultus und Mythos in Ägypten und Griechenland und den Versuch, zu einer gemeinsamen, kosmologisch begründeten Religiosität zu kommen. Irdisches Werden und Vergehen, Gut und Böse haben ihre Entsprechungen im göttlich-dämonischen Zwischenreich zwischen Menschenwelt und dem Höchsten. Osiris und Dionysos werden gleichgesetzt, da sie, von Mächten des Bösen zerstückelt, wieder ins Leben zurückgekehrt seien.

Isis und Demeter stehen für das Leben, das sich periodisch gegen seine Vernichtung behauptet. Lebensfeindlich ist die dörrende Sonne, segensreich und lebenspendend der milde Mond, der die Ausdünstungen des Feuchten von der Erde empfängt und zurückgibt, der als Vollmond immer seine Wirkung entfaltet, als Neumond aber von der Sonne verschlungen wird.

In der Schrift über das E (*epsilon*) in Delphi behandelt Plutarch ein Zeichen am Apollontempel in Form eines E, für das er verschiedene Erklärungen bietet. Als Zahlzeichen bedeutet es «Fünf», daher sei es als Äußerung der legendären Weisen zu verstehen, die damit kundtaten, sie seien nicht sieben an der Zahl, sondern nur fünf gewesen. Eine andere numerische Charakteristik, nämlich die eines zweiten Vokals im Alphabet, ergab einen mystischen Hinweis auf den zweiten der sieben Planeten nach damaliger Ordnung, nämlich auf die Sonne und damit auf Apollon, der mit dem Sonnengott gleichgesetzt wurde. Weitere Erklärungen diskutiert Plutarch für die Bedeutung der Zahl 5 in Mathematik, Physiologie, Philosophie und Musik. Die Lesung eines zu *EI* gedehnten *E* führt über symbolische Zahlen hinaus zu philosophischen Spekulationen. ‹*Ei*› ist im Griechischen Einleitung von Bedingungen, Konjunktion von Konditionalsätzen. In diesem Sinn müsse sich der Mensch der Bedingtheiten seines Seins, seiner Beziehungen zum Göttlichen und seiner Fragen an das Orakel bewußt sein. An anderer Stelle verdeutlicht Plutarch diesen Gedanken damit, daß der Gott dunkle Orakel gebe, um die Menschen zur Dialektik als einer zum Verständnis seiner Sprüche unerläßlichen Kunst zu erziehen. In der Dialektik ist ‹*ei*› zur Bildung von Syllogismen (Schlußsätzen) von grundlegender Bedeutung.

In der Schrift über die Orakel, die nicht mehr, wie in klassischer Zeit, in Versform erteilt wurden, entwickelt Plutarch Gedanken über die historisch und sozial bedingten Prägungen religiösen Ausdrucks. In den Versorakeln der großen Vergangenheit spiegelten sich weltgeschichtliche Krisen und Entscheidungen. Ihre poetische Form entsprach dem poetischen Geist in öffentlichen und privaten Bekundungen ihrer Epoche (wir dürfen hier auch an die Kultur von Votiv- und Grabepigrammen denken) und dem Rang der Fragesteller. Die Zeiten seien dann aber andere geworden, die Fragen und Fragesteller bescheidener. Es gebe nicht mehr die Erwartung einer poetischen Form. In der Anerkennung einer schlichten Form des Religiösen stimmt Plutarch mit Bemerkungen des Philostratos in der Lebensbeschreibung des Apollonios von Tyana (S. 108) überein. Dieses Urteil entspricht dem sachlichen stoischen Ethos der Philosophen während der Kaiserzeit des 2. Jh.s n. Chr. Ein Jahrhundert später bezeugt der von Schülern des Philosophen Plotin überlieferte Orakelspruch mit einem großen, hochgestimmten Hymnus eine gewandelte religiöse Stimmung (S. 46 ff.).

In der Schrift über das Ende von Orakeln erweitert Plutarch die Betrachtung des Zusammenhangs von Geschichte, Kult und Religion über Delphi hinaus. Das Schwinden von Orakelkulten in Griechenland erklärt er mit der Abnahme der Bevölkerung. Vor allem aber rechnet Plutarch auch die Zwischenwelt der Götter- und Dämonengestalten, die den Kontakt zum *Höchsten und Einen* vermittelten, zu den wandelbaren, zeitlichen, ja sogar der Vergänglichkeit unterworfenen Gegebenheiten. Als Zeugnis berichtet er von dem berühmten Offenbarungswunder, mit dem der große Gott Pan sein Ende kundgetan habe (*Def. orac.* 419C). Dieser Text erhellt auch das vieldiskutierte «letzte Orakel», das Kaiser Julian, der die traditionellen paganen Kulte gegen das Christentum wieder durchsetzen wollte, einholen ließ. Der überlieferte Spruch lautet:

Sagt dem Kaiser: Gestürzt ist die kunstvolle Halle. Phoibos hat nicht mehr seine Hütte, auch nicht mehr den inspirierenden Lorbeer, noch die weissagende Quelle. Ihr Wasser ist verstummt.

Zwei Fragen stellen sich zu diesem Spruch: War in Delphi die Quelle der Kastalia oder der Kassotis gemeint, der ebenfalls inspirierende Kraft zugeschrieben wurde, oder galt er einer Kastalia, die in Antiocheia bezeugt ist? Nach dem Verständnis einer zentralen religiösen Bedeutung möchte man bei dem Spruch eher an Delphi als den «Nabel der Erde» denken als an einen von dort abgeleiteten Kult in Antiocheia. Vor allem gibt jedoch der Wortlaut des Orakels einen Hinweis auf den wahren Ursprungsort. Der Ausdruck «Hütte» (*kalýba*) für das Haus des Gottes erinnert an den ersten Tempel in Form der Lorbeerhütte, die der Gott nach dem Mythos aus dem Tempetal in Thessalien nach Delphi mitgebracht hatte. Mit der Gegenüberstellung von der Hütte (*kalýba*) und dem Einsturz der kunstvollen Halle (*daídalos aúla*) sind Ursprung und Ende des Kultes vergegenwärtigt.

Verrät dieser Spruch ein nostalgisches Sentiment in Erinnerung an die alten Kulte oder bezeugt er den Triumph der Christen? Sein Tenor ist eher poetisch als polemisch. Der hier verwendete Ausdruck *lálon* (redend) für das weissagende Sprechen, gebildet von dem Wort für Sprechen (*laleín*), hat zwar in Prosa den herabsetzenden Sinn von schwatzen oder faseln, wie wir es in der christlichen Polemik gegen die Orakel tatsächlich finden, in der poetischen Sprache ist er aber durchaus einer bedeutungsvollen, inspirierten Rede angemessen, sogar noch im biblischen «*Zungenreden*» (*1. Kor.* 14, 39: *laleín glóssais*). Dagegen wurde als Einwand gegen diese Sichtweise erhoben, das Orakel könne nicht feierlich sein eigenes Ende verkünden. Doch die Wendung «*Sagt dem Kaiser ...*» eröffnet den Spruch mit einem Pathos, das an das Epigramm auf die Thermopylenkämpfer «*Wanderer kommst du nach Sparta, verkünde ...*» erinnert. Gegen dieses Epigramm zu argumentieren, daß ein Dichter Tote nicht reden lassen dürfe, wäre unsinnig. Mit gleichem poetischen Recht darf auch ein untergehendes Orakel das Schicksal seines Endes feierlich verkünden. Zudem zeigt Plutarch in seiner Schrift über den Untergang von Orakeln und vor allem in der Wundergeschichte vom Ende des großen Gottes Pan, bis zu welchem Grad antike Religion sich selbst nicht als ewig, sondern als zeitlich verstehen konnte. Die Suche nach dem Unvergänglichen, Ewigen war aus der Religion in die Philosophie übergegangen.

Es bleibt die Frage nach dem Autor dieses Spruches. In welchem geistigen Umfeld ist das Orakel entstanden? Da sein Charakter offensichtlich nicht politisch, sondern philosophisch ist, stellt die Sentenz wohl eine Reflexion neuplatonischer Kreise auf die aktuelle religionsgeschichtliche Situation dar. Daher ist der Spruch keineswegs in einem christlichen Triumph begründet, sondern in einer Geisteshaltung paganer Überlieferung. Der resignierende Ton gilt der entschwindenden Tradition eines Kultortes, nicht dem Untergang einer religiös-philosophischen Weltanschauung. Eine letzte Blüte hatten pagane Religiosität, Humanität und Toleranz in der Rede des Symmachus im Streit um den Victoriaaltar in Rom.

12. Delphi im Vergleich mit Olympia

Der Vergleich Delphis mit Olympia liegt nahe, und er wurde schon in der Antike gezogen. Philostratos (S. 19) verdanken wir eine bemerkenswerte Charakteristik, da er das Verhältnis von indischen und griechischen Weisheitslehrern mit dem Stil der Spiele in Delphi und Olympia parallelisierend vergleicht (*Apoll. Tyan.* 6, 10): *«Jene locken, als ob sie zu den Pythischen Spielen einlüden wie mit bunten, zauberischen Reizen; wir aber wie nackt zu den Olympiaden»*. Hier ist mit Olympia ein von fremden Einflüssen freies Griechentum zu einem klassizistischen Ideal erhoben. Tatsächlich hatte Olympia eine andere Ideologie als Delphi. Das Postulat der Waffenruhe galt für die Festzeiten in beiden Heiligtümern. Das Ethos der olympischen Festspiele beruhte mehr auf Sport und immateriellen Preisen, während in Delphi der Ruhm goldschwerer Schätze eine größere Rolle spielte. Olympia mutet mit den jeweils mächtigen Gemeinden oder Stammesverbänden der Peloponnes und den Herrschern der Kolonien in Großgriechenland als Teilnehmern am Kult «griechischer» an: In Delphi spielten Orientalen und Etrusker in der Überlieferung eine größere Rolle.

Auch der politische Status dieser beiden bedeutendsten Heiligtümer der Griechen war in bezeichnender Weise verschieden. Vergleichbar waren hier wie dort die Fragen der Machtverteilung zwischen lokaler Gemeinde, dem Stammesverband, der das umliegende Gebiet beherrschte, und den Mächten, die ihre Einflußsphären auf die Kultzentren auszudehnen versuchten. In den Konfliktkonstellationen spielten immer lokale Auseinandersetzungen unter Einmischung der Großmächte eine Rolle. Im Ergebnis unterschieden sich Olympia und Delphi. Olympia blieb trotz aller Einmischungen von Sparta und Arkadien, das die mythischen Ansprüche von Pisa auf seine Fahnen geschrieben hatte, das Heiligtum der Eleer. Der Ort entwickelte kaum einen städtischen Charakter, sondern bestand aus den heiligen Stätten, ihrer Verwaltung und den Einrichtungen für die Gäste des Heiligtums. Delphi hingegen entwickelte sich zu einer bedeutenden Stadt, die mit vielen wichtigen Rechten in eigenem Namen das Heiligtum für den Bund der Amphiktionen verwaltete, der seinerseits als Veranstalter der pythischen Spiele in Erscheinung trat. Die streitenden Hegemonialmächte Athen und Sparta hatten sich im Nikiasfrieden (421 v. Chr.) auf den Kompromiß geeinigt, daß Delphi «*katà tà pátria*» (nach Überlieferung der Väter) frei bleiben solle. So konnte Delphi die Verwaltungshoheit über das Heiligtum nach dem Dritten Heiligen Krieg gegenüber den benachbarten Phokern bewahren, und die späteren Vormächte, die Makedonen, Aitoler und Römer, haben diesen politischen Status der Stadt respektiert.

Auch in Pindars Liedern auf die Sieger in den olympischen und pythischen Spielen klingt ein jeweils unterschiedlicher Tenor an. In Olympia rückt er die heroischen Leistungen der Sieger und ihrer Vorfahren, Geschlechterstolz und eine hochgestimmte, exklusive Adelsgesinnung, die sich dem Göttlichen verbunden fühlt, ins Licht. Für den syrakusanischen Tyrannen Hieron I. dichtete er 476 v. Chr. (*Ol.* 1, 1 ff.):

Das Beste ist das Wasser, und Gold glänzt hervor aus Männer
Stärkendem Reichtum wie leuchtendes Feuer bei Nacht.
Willst du aber, mein Herz
Kampfpreise künden,
Spähe nicht mehr aus
nach einem andren Gestirn, das wärmer als die Sonne
Strahlt am Tag durch den einsamen Äther!
Auch können wir kein größeres Kampfspiel als das von Olympia
Nennen. Dorther wird der vielgepriesene Hymnos der
Schöpfungskraft

Weiser Dichter eingegeben, daß sie den Sohn des Kronos preisen,
Wenn sie zum reichen
Glückseligen Herd des Hieron kommen ...

Die Weisheit durch Geburtsadel wird gepriesen, das Anlernen ohne die richtige Abstammung zählt nicht (*Ol.* 2, 86 ff.):

... Weise ist, wer viel weiß von Natur,
Doch die hemmungslosen Erlerner
Sollen nur mit Allgeschwätz Nichtiges krächzen wie Raben
Gegen den göttlichen Vogel des Zeus.

Zu solch adeliger Weisheit gehören der Wagemut und die Schicksalsergebenheit, mit denen Pelops zu Poseidon betet, als es im Wettrennen mit Oinomaos um Tod oder Leben geht (*Ol.* 1, 81–85):

... Die große Gefahr
Faßt keinen kraftlosen Mann.
Wem immer zu sterben verhängt ist, der soll nicht, im Finsteren
Sitzend, zwecklos sein Leben verbrüten,
Ohne Anteil an allem Schönen!
Nein, von mir wird dieses Kampfspiel bestanden! Du aber schenke gutes Gelingen!

Das Ideal eines solchen Helden beschreibt der Dichter (*Ol.* 9, 107–111):

... steil ist
Meisterschaft. Bringst du aber
Diesen Kampfpreis dar, jauchze nur kühn:
Solch ein Mann ist durch Göttermacht
Armstark, gliedergewandt und Kampfkraft blickend.
Ajas, Sohn des Oïleus, beim Mahl
hat er siegreich deinen Altar bekränzt!

In den pythischen Siegeroden finden sich andere Töne im Sinne von skeptischeren, eben delphischen Weisheitslehren (*Pyth.* 2, 34):

... Doch nötig ist, bei sich selbst
Immer auf das Maß in allem zu sehn.

Dann (*Pyth.* 3, 58–62 und 8, 95–97):

Nötig ist, das Geziemende von den Göttern zu wünschen
Und mit menschlichem Sinn zu erfassen,
Was uns vor Füßen liegt, und was unser Schicksal ist.

Nein, meine Seele, unsterbliches Leben
Begehre du nicht! Die mögliche Tätigkeit schöpfe du aus!

Eintagswesen! Was ist einer denn, was ist einer nicht?
Eines Schattens Traum ist der Mensch. Doch kommt ein gottgegebener Glanz
Liegt auf ihm leuchtendes Licht und gibt ihm ein frohes Dasein.

In einem Punkt war Olympia Delphi immerhin voraus: Die griechischen Historiker machten die Gründung der Spiele im Jahr 776 v. Chr. zum Anfang einer gemeinsamen Zeitrechnung, die zwar (ebenso wenig wie das Datum der mythischen Zerstörung von Troja) nicht die Geltung im religiösen und profanen Leben erreichte wie die christliche oder die muslimische Zählung, die jedoch einen Vergleich unterschiedlicher lokaler Chronologien erlaubte.

Im Vergleich mit Olympia fallen in Delphi – wie bereits verschiedentlich erwähnt – die erstklassigen, goldschweren Stiftungen auch von Nichtgriechen auf. Dies läßt Ideen einer Humanität erkennen, die über den griechischen Raum hinaus empfängt und wirkt. Reichtum zählte viel in Delphi, aber eben nicht nur der Reichtum. Zum *genius loci* gehören auch die Tausenden von Inschriften, mit denen seine Mauern bedeckt sind, in denen die Sklavenfreilassungen von Priestern und Zeugen beurkundet wurden. Olympia ist stärker und offener vom Standesbewußtsein griechischer Herrscher und Bürger geprägt. In Delphi traf der Wunsch nach Daseinsvergewisserung auf Fragen und Zweifel, überschritt aber auch, am sichtbarsten in der Gestalt des Kroisos, die Abgrenzung des Griechentums nach außen. Daß Delphi die Mitte nicht nur der griechischen, sondern der ganzen

Menschheit darstellt, ist der Sinn der Sage, nach der Zeus zwei Adler, von den Enden der Welt kommend, sich hier am Omphalos, dem Nabel der Welt, treffen ließ.

Unter diesen Gesichtspunkten scheint Delphi in gewisser Weise durch seine philosophischen und ethischen Ansprüche Olympia zu übertreffen. Olympia ist zum zeitlos gültigen Symbol für die Festlichkeit von Wettkämpfen geworden. Delphi dagegen steht für Schicksalserinnerung und Selbstbefragung.

Die Nachwelt hat die beiden Heiligtümer in ihrem Vergleich jedoch anders bewertet. Die christlichen Kirchenväter gestanden, in Anlehnung an den Apostel Paulus (*1. Kor.* 9, 24–25), olympischen Ideen wegen ihres sportlichen Ethos eine Geltung zu – im Gegensatz zu den delphischen Lehren, die als Täuschung und Verblendung angefeindet wurden. An die Stelle von Delphi als Weltmitte war für die Christen der Omphalos in der Grabeskirche in Jerusalem als Mittelpunkt der Welt des Heils getreten. In der christlichen Überlieferung hat sogar Apollon selbst mit einem an den Kaiser Augustus gerichteten Spruch Christus den Sieg zugestanden: *«Ein hebräischer Knabe, größer als alle Götter, befiehlt mir / Dieses Haus zu verlassen, in den Hades zurückzugehen. / Verlaß aber schweigend unsere Altäre.»* Selbst den Sieben Weisen wurden christliche Heilsprophezeiungen in den Mund gelegt. Träger von delphischen Heilsprophezeiungen ist nun nicht mehr die Pythia, sondern die delphische Sibylle.

13. Das Vermächtnis von Delphi

Was wären Weltkultur und Weltgeschichte ohne Delphi? Was würde man ohne Delphi vermissen? Man mag Aspekte aufzählen und vergegenwärtigen – so etwa Landschaft, Geschichte, Philosophie, Monumente – und in Gedanken mit der Wirkung von Persepolis oder Kairouan vergleichen, um nicht Rom, Byzanz, Moskau, Paris, London, New York oder Kyoto zu nennen. Jeder Ort hat einen eigenen Charakter mit einer Balance aus Geschichte und Gegenwart. Delphi gehört zweifellos zu den Orten, die von ihrer Vergangenheit leben und dabei einen unvergleichlichen *genius loci* in einer seltenen Einheit von Landschaft, Geschichte, geistigen Traditionen, Werken der Architektur und der bildenden Kunst pflegen. Die Spanne dieser Aufgaben reicht heute von der Landschaftspflege über die Denkmalpflege und die Bewältigung des Tourismus bis hin zu den Unternehmungen, den Ort mit Festspielen und Kongressen am gegenwärtigen wirtschaftlichen und geistigen Leben teilhaben zu lassen. Die Pythia, Zukunftserforschung, die Fragen nach Gut und Böse, Weisheit und Unweisheit, die Frage nach der Nähe des Menschlichen zum Göttlichen, der Parnaß als Symbol göttlich inspirierter Kunst sind weit verbreitete Allgemeinbegriffe, Anregungen zu Reflexion und Quellen unserer Inspiration.

Angelos Sikelianos hat in seinem Drama *Sibylla* den antiken Mythos mit christlicher Kosmologie im neuplatonischen Geist verbunden und gegen die Unmenschlichkeit des Faschismus gestellt. Die Dimensionen in der Auseinandersetzung zwischen Menschlichkeit und Unmenschlichkeit haben sich gewandelt und immer größere Ausmaße angenommen, doch unverbrüchlich bleibt in Geltung das delphische «*Erkenne dich selbst*».

Zeittafel

ca. 595–585 v. Chr.	Erster Heiliger Krieg (Die Amphiktionie mit Kleisthenes von Sikyon als prominentem Führer setzt sich gegen lokale Interessen der Heiligtumskontrolle von Kirrha durch.)
547 v. Chr.	Kyros II. erobert Sardis, Sturz der Herrschaft des Kroisos.
510–507 v. Chr.	Sturz der Peisistratiden und Kleisthenische Reformen in Athen.
499–494 v. Chr.	Ionischer Aufstand.
490 und 480/79 v. Chr.	Invasionen der Perser in Griechenland, Schlachten von Marathon, Salamis und Plataä.
456–447 v. Chr.	Zweiter Heiliger Krieg. Wechselndes Kriegsglück der Athener und Spartaner. Einigung auf die Unabhängigkeit Delphis.
431–404 v. Chr.	Peloponnesischer Krieg. Sparta beschränkt die Machtstellung Athens. Schwächung der Griechen gegenüber Persien.
371 v. Chr.	Schlacht bei Leuktra. Theben bricht die Vormacht Spartas.
356–346 v. Chr.	Dritter Heiliger Krieg. Die Phoker versuchen, die Kontrolle über das Heiligtum zu erringen und werden von der Amphiktionie niedergeworfen.
339–338 v. Chr.	Vierter Heiliger Krieg. Philipp II. von Makedonien gewinnt mit seinem Sieg bei Chaironeia die Vorherrschaft in Griechenland.
278 v. Chr.	Invasion und Abwehr der Galater. Der Aitolische Bund übernimmt die politische Führung in Mittel- und Nordwestgriechenland. Delphi wird nicht Mitglied des Aitolischen Bundes, sondern wird ihm durch Isopolitie (eine Art von doppeltem Staatsbürgerschaftsrecht) verbunden.
gegen 226 v. Chr.	Höhepunkt der aitolischen Vorherrschaft.
219–168 v. Chr.	Interventionen und wachsender Einfluß Roms in Griechenland, durch die drei makedonischen Kriege und den Bundesgenossenkrieg.
86 v. Chr.	Sulla erzwingt Kontributionen aus Delphi.

wohl 84 v. Chr.	Einfall der barbarischen Maider, bei dem der Tempel abbrannte und das heilige Feuer erlosch.
vor 31 v. Chr.	Vermessungen der Ruine mit der Absicht der Wiederherstellung durch Antonius.
27 v. Chr. bis 14 n. Chr.	Vernachlässigter Zustand des Heiligtums in der Zeit des Kaisers Augustus (Strabon 9, 3, 4 [419]).
nach 31 v. Chr.	Kaiser Augustus reorganisiert den Rat der Amphiktionen.
84 n. Chr.	Wiederherstellung des Tempels durch Kaiser Domitian (FdD III 4, 120).
52 n. Chr.	Kaiser Claudius und L. Junius Gallio, Proconsul von Achaia, sorgen für Neusiedler im offenbar entvölkerten Delphi.
125 n. Chr.	Kaiser Hadrian reorganisiert den Rat der Amphiktionen.
um 45–120 n. Chr.	Plutarch (L. Mestrius Plutarchus) aus dem böotischen Chaironeia, Bürger in Delphi, Apollonpriester und Epimelet (etwa: Bevollmächtigter oder Prokurator) der Amphiktionen, widmet einen bedeutenden Teil seiner schriftstellerischen Tätigkeit dem Heiligtum von Delphi. Im Jahr 119 auch Procurator der Provinz Achaia.
um 170 n. Chr.	Herodes Atticus (101–177 n. Chr., Mäzen des Heiligtums), stiftet das Stadion.
359–361	Kaiser Julian versucht, die paganen Kulte zu restaurieren und das Christentum zurückzudrängen.
391 n. Chr.	Verbot der Kulte und ihrer Orakel durch Kaiser Theodosius.
5. und 6. Jh.	Bischofssitz? Später wird Amphissa mit einem Bischofssitz führendes Zentrum.
7. Jh.	Invasionen und Ansiedlungen von Slawen.
9. und 10. Jh.	Gefahr durch Bulgaren und sarazenische Seeräuber.
10. Jh.	Ansiedlungen von Albanern, die teilweise hellenisiert wurden. Im 19. Jh. war Delphi zweisprachig (Griechisch und Albanisch).
10. Jh.	Der heilige Lukas von Stirion gründet das nach ihm benannte Kloster in den Bergen östlich von Delphi.
1204	Im 4. Kreuzzug wurde Delphi eine Lehensherrschaft des fränkischen Königreichs Saloniki.
1311	Nach dem Sieg am Kopaissee (Böotien) Herrschaft der katalanischen Söldnerkompanie, Druck der Navarresen und 1379 Lehenshoheit Dom Pedros IV. von Aragon.
1394	Sultan Bajesid übernimmt die Herrschaft. Der Reise-

	schriftsteller Pouqueville verwechselt Bajesid mit Mohammed II. als Eroberer von Mittelgriechenland und läßt gegen das Zeugnis des Historikers und Zeitzeugen Chakokondyles zwei katalanische Prinzesinnen ihr Leben im Sultansharem beschließen.
1436	Auf der Reise zur Hohen Pforte besucht der italienische Humanist Cyriacus von Ancona Delphi.
1821–1833	Unabhängigkeitskrieg der Griechen, Delphi kommt zum Königreich Griechenland.

Ausgewählte Literatur

Die Übersetzungen aus den Gedichten Pindars und dem homerischen Apollonhymnos stammen von Karl Arno Pfeiff, die nach Herodot von Joesph Feix, die nach Pausanias von Ernst Meyer.

Abkürzungen

BCH = Bulletin de Correspondance Hellénique
EFA = École française d'Athènes
FdD = Fouilles de Delphes (1892 ff.), unten in Auswahl angeführt
GSite: s. Bommelaer 1991
IG = Inscriptiones Graecae
SIG = Sylloge Inscriptionum Graecarum

Allgemeine und neuere Literatur

Bommelaer, J.-F. (Hrsg.): Guide de Delphes. Le site. Dessins de D. Laroche (1991)
– Marmaria. Le sanctuaire d'Athéna à Delphes (1996)
Delphes cent ans après la Grande fouille. Essai de bilan. Colloque International, Athènes-Delphes 1992 (Hrsg. A. Jacquemin. BCH Suppl. 36, 2000)
Hansen, E. (mit G. Algreen-Ussing, G. und A. Bramsnaes): Atlas. FdD II (1975)
Maaß, M.: Das antike Delphi. Orakel, Schätze und Monumente (1993, Nachdruck 1997)
– (Hrsg.) Delphi, Orakel am Nabel der Welt, Ausstellungskatalog Badisches Landesmuseum Karlsruhe (1996)
Picard, O. (Hrsg.): Guide de Delphes. Le musée (1991)
– La redécouverte de Delphes (Paris 1992)

Kult, Orakel, Frömmigkeit

Amandry, P.: La mantique apollinienne à Delphes (1950)
elegant/expressiv. Von Houdon bis Rodin. Französische Plastik des 19. Jahrhunderts. Ausstellungskatalog Staatliche Kunsthalle Karlsruhe 2007: Nr. 127, «La Pythie» für die Opéra in Paris, von Marcello (Pseudonym von Adèle d'Affry, Comtesse de Colonna)
Fontenrose, J.: The Delphic Oracle (1978)

Maaß, M.: Das Orakel von Delphi: Dichtung und Wahrheit, S. 121–128 in: Prognosis. Studien zur Funktion von Zukunftsvorhersagen in Literatur und Geschichte seit der Antike (Hrsg. Kai Brodersen, 2001)
Parke, H. W.: Sibylls and Sibylline Prophecy in classical Antiquity (1988)
Parke, H. W./Wormell, D. E. W.: The Delphic Oracle I.II (1956)
Simon, E.: Apollon und Dionysos, S. 451–460 Taf. 124–127 in: In memoria di Enrico Paribeni (Hrsg. Gabriella Capecchi), Bd. II (1998)
Snell, B.: Leben und Meinungen der Sieben Weisen ³(1952)

Apollontempel

Amandry, P.: La ruine du temple d'Apollon à Delphes, Académie Royale de Belgique, Bulletin de la Classe des Scienes Morales et Politiques, 75, 1989, 1–2, 26–47
– Notes de topographie et d'architecture delphique, bis: IX. L'opisthodome du temple d'Apollon, BCH 117, 1993, 263–283
Bousquet, J./Mulliez, D.: Les comptes du quatrième et du troisième siècle. Corpus des inscriptions de Delphes II (1989)
Croissant, F.: Les frontons du temple du IVe siècle, FdD IV 7 (2003)

Andere Bauten

Amandry, P.: Notes de topographie et d'architecture delphique: VI. La fontaine Castalie. Études Delphiques, BCH Suppl. IV (1977) 179–228
– Notes de topographie et architecture delphiques: VII. La fontaine de Castalie (compléments), BCH 102, 1978, 221–241
Daux, G./Hansen, E. (und Hellmann, M.-Ch.): Le trésor de Siphnos. FdD II (1987)
Hoepfner, W.: Zur Tholos in Delphi, Archäologischer Anzeiger 2000, 99–107
Jacquemin, A./Laroche, D.: La terrasse d'Attale Ier revisitée, BCH 106, 1992, 229–258
Laroche, D./Nenna, M.-D.: Le trésor de Sicyone et ses fondations, BCH 114, 1990, 241–284
Roux, G./Callot, O.: La terrasse d'Attale I. FdD II (1987)

Geschichtlicher und kulturgeschichtlicher Hintergrund

Allgemein

Jacquemin, A.: Offrandes monumentales à Delphes (1999)

Die Heiligen Kriege
Lehmann, G. A.: Der ‹Erste Heilige Krieg› – eine Fiktion?, Historia 29, 1980, 242–246
Tausend, K.: Die Koalitionen im 1. Heiligen Krieg, Rivista di Storia Antica 16, 1986, 49–66.

Römische Zeit
Pouilloux, J.: Delphes dans les Éthiopiques d'Héliodore, La réalité dans la fiction, Journal des Savants 1983, 259–286

Das Ende des Orakelkultes und Nachleben
Bowra, C. M., «EIPATE TOI BASILEI», Hermes 87, 1959, 426–435 (= On Greek Margins [Oxford 1970]) 233–253
Brisson, L.: L'oracle d'Apollon dans la vie de Plotin par Porphyre, 77–88 in: Oracles et mantique en Grèce ancienne. Actes du Colloque de Liège (1989), Kernos 3, 1990
Gregory, T. E.: Julian and the Last Oracle at Delphi, Greek, Roman and Byzantine Studies 24, 1983, 355-366
Jacquin, R.: L'esprit de Delphes: Anghélos Sikélianos (1988)

Abbildungsnachweise

Athen, Nikos Kontos: 23
Berlin, bpk/Antikensammlung, SMB/Johannes Laurentius: 2
École française d'Athène ©, aus Guide de Delphes. Sites et Monuments, 1991: 1, 16; 5 (nach D. Laroche, BCH 114, 1990); 10 (nach E. Hansen 1975); 21 (nach F. Croissant 2003); 3. 9. 12. 15. 18. 19. 22 (nach GSite)
Ekdotike Athenon, Spyros Tzavdaroglou: 17
München, Hirmer Verlag: 4. 11. 13. 14. 20
Maaß 1993: Umschlaginnenseiten
New York, Metropolitan Museum: 8
Paris, Musée du Louvre: 7
W. B. Dinsmoor, BCH 37, 1913, 80 Abb. 13: 6

Es ist dem Verlag C. H. Beck nicht in allen Fällen gelungen, die Inhaber der Bildrechte ausfindig zu machen; der Verlag ist jedoch selbstverständlich bereit, berechtige Ansprüche abzugelten.

Register

Geographie

Historische Gestalten

Mythische oder legendenhafte Gestalten

Glossar

In das nachstehende Glossar wurden auch einige wenige Begriffe aufgenommen, die zwar nicht in dem vorliegenden Band vorkommen, jedoch grundsätzlich für das Verständnis archäologischer Publikationen zum Thema Delphi hilfreich sind; diese Begriffe sind mit einem Asterisk (*) gekennzeichnet.

Agon (Mehrz. Agone): Wettkampf: 98 f.

agón stephanítes: Siegeskranz-Wettspiel: 99

Agora: Marktplatz: 25, 29, 65, 71

*Aition: «Grund», «Erklärung», d. h. volkstümlicher Legendenhintergrund oder gelehrte Erklärung von kultischen und antiquarischen Merkwürdigkeiten

Akanthossäule (Säule mit Rippen wie ein Pflanzenstengel und mit Blattkelchen): 85

Akroter (*akrotérion,* Mehrz. *-ia*): ‹Endstück›, ‹oberer Aufsatz›, etwa als Schiffszier oder als Giebelschmuck an Bauten: 57, 59, 78

Amphiktionen, Amphiktyonen. umher Siedelnde, d. h. um einen Kultort, daher: Kultgemeinschaft: 23, 25, 33, 35, 37, 50, 69, 83 f., 97, 99, 101, 109, 115

Anathem (*anáthema,* Mehrz. *anathémata*): Weihgeschenk: 72

Anten: vorspringende Mauerenden, zur Bildung offener Vorräume, oft mit einer Säulenstellung: 55

archaisch: aus der Kunst- und Kulturepoche etwa des 7.–6. Jh. v. Chr., nachgeometrisch bzw. vorklassisch: 26, 29, 38, 52, 55, 62 f., 68, 73, 76, 83, 87 f.

Architrav: Balken über den Säulen: 37

Binder: Quader, die zur Sicherung zweischaliger Mauern quer durchgehen oder einen Verband in anderer Weise durch ihre Tiefenerstreckung sichern: 54

Buleuterion: Rathaus: 11, 20, 77

byzantinisch: Kulturepoche im Anschluß an das römische Kaiserreich, seit der Erhebung von Byzanz zur Hauptstadt 330 n. Chr. unter dem Namen Konstantinopel, «Stadt des Konstantin»: 56, 102

Cella: Hauptraum eines Tempels, mit Weihgeschenken und Kultbild, wenn dies nicht in einem getrennten inneren Raum (ádyton) stand: 21, 55, 64, 69, 90, 92–94.

Chlamys (kurzer Umhang, gewöhnlich von Reisenden und Soldaten getragen): 86

Dämon, Daimon (höheres Wesen der Sphäre zwischen Menschen und Göttern), dämonisch: 13, 16, 22, 104, 106

Dionysische Techniten: Berufsgenossenschaft von Schauspielern, benannt nach dem Gott als Schutzherrn des Theaters: 59

Dithyrambos, dithyrambisch (Chorlyrik, aus dem Dionysoskult hervorgegangen): 47

Dodekathlos: «zwölf Mühen oder Kämpfe» des Herakles, in verschiedenen Zusammenstellungen überliefert: 59

Dromos: Gang, (hier) Zugang zu mykenischen Kuppelgräbern: 26

Dunkle Jahrhunderte (*dark ages*): in Griechenland etwa 11.–10. Jh. v. Chr: 12, 27

*Eierstab: Profilschmuck in Gesimsen, mit eiförmigen Elementen und pfeilartigen Trennungen, entwickelt aus dem Motiv von zwei nach vorn überfallenden Lagen von Blättern

*Entasis: Schwellung in der Verjüngung von Säulenschäften

Flysch: verfestigter Schlamm, wechsellagernde, meist marine Sandsteine, Schiefertone, Mergel und Kalksteine: 10

Geison (Mehrz. Geisa): Dachkranzgesims, horizontal an den Traufseiten, an Giebel horizontal weitergeführt und schräg über dem Giebelfeld: 53

geometrisch: Stil griechischer Vasenmalerei, 10.–8. Jh. v. Chr., auch die danach benannte Epoche, entsprechend: protogeometrisch als Vorstufe dazu im 11.–10. Jh. v. Chr: 12, 28, 90

Giganten: Riesen, Söhne der Erdgöttin, die den olympischen Göttern die Herrschaft streitig machen wollten: 53, 55 f., 63

Gymnasion: Anlage für Übungen im Sport (abgeleitet von *gymnós*, nackt), aber zur geistigen Ausbildung: 26, 30, 65, 69, 101

hálos: Dreschplatz, Tenne, in Delphi: Kultplatz, Sammelplatz für Festzüge: 77 f.

Heilige Kriege: Kämpfe um die Vormacht über den Kult in Delphi und über Mittel- oder Gesamtgriechenland: 19, 33, 37, 40, 79, 88, 94, 99, 109, 114

hellenistisch: Kunst- und Kulturepoche etwa des 4.–1. Jh.s v. Chr., d. h. nachklassisch und vorrömisch: 58, 68, 82

Hexameter (Versmaß aus sechs Einheiten, vornehmlich in Epen und Hymnen): 18

Hippodrom: Pferderennbahn: 82, 101

Hütte (*kalýba*): sagenhafter erster Apollontempel in Delphi: 23, 26, 107

Hydria: dreihenkliges Wassergefäß: 45

Iambischer Trimeter (Versmaß aus drei Einheiten, ‹Iamben›, vornehmlich in Dramen, aber auch in Lyrik): 18

Idol: ‹Abbild›, gewöhnlich im Sinne einer religiösen Verehrung: 13 f., 27

in situ: auf seinem Platz, unverrückt (insbesondere von Fundlagen): 93

Isthmien: Wettspiele im Poseidonheiligtum von Isthmia bei Korinth: 100

Karyatiden: Frauenfiguren anstelle von Säulen: 39, 86

klassisch: Kunst- und Kulturepoche etwa des ausgehenden 5.–4. Jh.s v. Chr., nacharchaisch bzw. vorhellenistisch: 22, 28, 31 f., 38, 52 f., 61–63, 69, 88, 90 f., 105

klassizistisch: Stilrichtungen der Kunst, klassischen Stil der Antike weiterführen: 68, 108

Kore: Statue eines festlich gekleideten Mädchens oder einer Frau, in Heiligtümern Darstellung einer Weihenden oder einer Gottheit, auf Gräbern Darstellung einer Verstorbenen: 52

Krater: Gefäß zum Mischen des Weins beim Gelage, in Heiligtümern oft als kolossales, reich verziertes Weihgeschenk gestiftet: 79

krepís: Sockelstufen monumentaler Bauten: 92

Kuros (Mehrz. Kuroi): Statue eines athletisch nackten Jünglinges oder Mannes, in Heiligtümern Darstellung eines Weihenden oder einer Gottheit, auf Gräbern Darstellung eines Verstorbenen: 61

Kurvatur: in der griechischen Baukunst leichte Aufwölbungen im Verlauf horizontaler Fugen (dadurch abgesenkte Ecken): 55, 93

*Läufer: Quader, die mit der Richtung einer Mauer längs laufen, im Gegensatz zu den Bindern

*lesbisches Kyma: Profilschmuck, aus stark stilisierten, nach vorn überfallenden Blättern in zwei Lagen

Lesche (Vereinshaus, Festhaus): 73 f.

manía (ekstatische Ergriffenheit): 17

Mantik: Wahrsagekunst: 18

Metopen: ‹Stirnplatten›, die im Fries zwischen Triglyphen sitzen, oft mit Reliefs oder Malerei geschmückt: 35, 39, 57–60, 64 f., 75, 94

Monopteros: offener Säulenbau: 36 f.

Nekyia: Fahrt ins Totenreich: 75

Omen (Mehrz. Omina): Vorzeichen: 44

Opisthodom: rückwärtiger Raum an der Tempelcella, mit Säulenstellung gegen die Ringhalle: 21

Orthostaten: ‹Aufrecht stehende›, d. h. Blöcke, große, hochkant stehende Mauersockelsteine, in der älteren Architektur für aufgehende Lehmziegelmauern, später auch für Quadermaueraufbauten: 90, 93
Palästra: Ringschule: 101
*Palmetten-Lotos-Ranke: alternierende, durch Ranken verbundene Schmuckmotive von palmenartig angeordneten Blättern und Lotosblüten, wie etwa am Siphnierschatzhaus
paradromís: Rennbahn im Freien vor einer *xystós:* 101
Pastas: Halle, Stoa: 33
Peribolos: Ummauerung: 36
Perieget: Führer, Verfasser von Ortsbeschreibungen: 69, 76–78, 80–83
Peristyl: säulenumstandener Hof: 101
*Perlstab (auch Astragal): Profilschmuck in Gesimsen, aus kugeligen Gliedern mit linsenförmigen Trennscheiben
philippízein: die Expansionspolitik Philipps II. unterstützen: 46
Phorminx: gezupftes Saiteninstrument, ähnlich einer Kithara: 47 f.
Phylen: Stämme, Geschlechter in Athen, die auf Phylenheroen zurückgeführt wurden; Einteilung des Landes in Verwaltungsbezirke: 58, 70 f.
Plektron: Plättchen zum Anreißen der Saiten von Musikinstrumenten: 47
Polygonalmauern: Mauern aus paßgenau gefugten Steinen, die nicht rechteckig in durchgehenden Lagen geschichtet, sondern aus unregelmäßigen Vielecken zusammengesetzt sind. Der Fugenschluß ist nur an der Außenseite ausgearbeitet, innen ragen die Steine unregelmäßig verjüngt in ihre Verfüllung. Diese Mauertechnik hält Bewegungen des Baugrundes besser aus als eine horizontal durchgeschichtete Mauer; sie wurde auch wegen ihrer malerischen Wirkung geschätzt, wie die Entwicklung verschiedener Polygonalmauerstile erkennen läßt: 52
Poros: Kalksandstein, für Delphi in der Gegend von Korinth und Sikyon gebrochen: 25, 35, 37, 39, 50, 88, 90
Proconsul: Heerführer oder Statthalter senatorischer Provinzen mit consularischer Vollmacht: 97, 115
Procurator: urspr. kaiserliche Vermögensverwalter, dann Reichsbeamte: 104, 115
Pronaos: Vorhalle vor der Cella eines Tempels: 69
proskinitári oder *ikonostásion* (Wegekapellchen): 22
Proxenos: Ehrenkonsul: 103
Pythaïs: Festgesandtschaft von Athen nach Pytho (Delphi), veranstaltet vom Kultvereinen der Pythaïsten: 58
Regula (Mehrz. Regulae): Platten unter dem Vorsprung des Dachgesimses: 37
Rhyton, (Mehrz. Rhyta): Kultgefäße mit kleiner Öffnung zum Ausrinnenlassen von Trankopferspenden: 27
Rustika, rustizieren: malerisch rauhe (wörtl.: bäurische, ländliche) Behandlung von Mauerwerk: 53

*Säulenjoch: in der Baukunst der Abstand zwischen zwei Säulenachsen

Schwalbenschwanzklammern: nach der Form der verbreiterten Enden benannte Klammern, in Holz oder in Metall mit Bleibettung zur festen Verbindung von Quaderreihen: 53

*Seilrinnen: U-förmige Rinnen an beiden Enden von Quadern, zum Einlegen von Seilen eines Kranes

Stoa: Halle, mit offenem Säulengang, im profanen Bereich mit geschlossenen Räumen für Werkstätten und Geschäfte, von dort abgeleitet auch die Philosophenschule der Stoiker: 28, 77

*Stoßflächen: Flächen, mit denen sich Quader berühren, meist als Anathyrose (‹Türöffnung›) ausgearbeitet, d. h. mit einem exakt geglätteten Randstreifen um eine etwas gröber angelegte Vertiefung

Stylobat: Stufe, die Säulen trägt, d. h. in einer Krepís die oberste, etwas vergrößerte Stufe: 94

Talent (eigentlich: Traglast von ca. 30 kg), als Geld der Wert dieser Last in Silber, unterteilt in 60 Minen zu je 100 Drachmen: 50, 79

Theodizee: Frage nach der Gerechtigkeit im göttlichen Handeln: 46

Tholos: Rundbau, für Kult oder staatliche Einrichtungen: 35 f., 64, 69, 74, 92 f., 103

Threnos (Mehrz. Threnoi): Klagegesang: 48

thymiatérion (Räucherständer): 79

Triglyphen: ‹Dreischlitze›, Blöcke, mit denen die Metopen gehaltert werden, benannt nach ihrer charakteristischen Gliederung durch senkrechte kantige, oben abgerundete Rinnen: 39

*Tympanon: Giebelfeld, gerahmt von Horizontal- und Schräggeisa

vaticinium (Mehrz. *-ia*) *ex eventu:* (im Nachhinein erdichtete Vorhersagen): 18, 20

xystós: durch eine Halle geschützte Rennbahn: 101